Yo también jugué a la GAME BOY

Borja Figuerola

© 2019, Borja Figuerola Ciércoles
© 2019, Redbook Ediciones, s. l., Barcelona

Diseño de cubierta: Regina Richling
Diseño de interior: David Saavedra

Minilook es una colección creada y dirigida por Dalia ediciones SL (MMA)

ISBN: 978-84-949285-2-9
Depósito legal: B-9.128-2019
Impreso por Sagrafic, Passatge Carsi 6, 08025 Barcelona
Impreso en España - *Printed in Spain*

ÍNDICE

INTRODUCCIÓN

¿QUÉ ES LA GENERACIÓN GAME BOY?

La Game Boy se lanzó al mercado en 1989, por lo que el término «Generación Game Boy» comprende a toda persona nacida a mediados de los ochenta, y que por tanto vivió al menos parte de su adolescencia en los noventa. Aunque no fuimos la única generación en disfrutar de la videoconsola portátil de Nintendo, crecimos con ella, con sus cuatro botones –A, B, Start y Select–, su cruceta, su pantalla a tonos grises y un tamaño que hoy parece un ladrillo pero que entonces era el no va más de la portabilidad, del mismo modo que lo fueron los disc-man. Y aunque hoy sabemos que no ha habido aparato portátil más aparatoso que un disc-man –salvo los zapatófonos–, seguimos recordando aquella época con nostalgia, al suspiro de un «todo tiempo pasado fue mejor».

Entre partidas al Tetris, todo tiempo futuro parecía posible. He llamado en este libro Generación Game Boy a quienes crecimos rodeados de lujos y facilidades para encontrarnos siendo adultos con una realidad hostil y poco prometedora, que daba ganas de abrir el cajón y recuperar con nostalgia nuestra Game Boy. ¿No es este un sentimiento caprichoso? La nostalgia, intrínseca a la condición humana, es la responsable de experiencias que recordamos con una intensidad cuanto menos diferente a las del presente. Gajes de una pronta edad en fase de descubrimiento, o de que todo tiempo pasado, fuera o no mejor, sí fue más divertido. Entre risas y expectación crecimos sin darnos cuenta con estrenos de películas que llevaban a nuestros personajes favoritos a la gran pantalla –y sin efectos especiales–. Porque sí, la Generación Game Boy nos educamos con la influencia del colegio, pero mucho más con la de Marty McFly y la Princesa Prometida; la de las Tortugas Ninja y He-Man; la del Príncipe de Bel-Air y el agente Cooper, pero también con la de los libros de *Pesadillas* y la de las canciones de Kurt Cobain. Pues tuvimos la suerte de crecer en una edad dorada de la música, pero también de los juegos de mesa y el cómic, así como de asistir a la madurez de la industria del videojuego al tiempo que vivíamos la nuestra propia con alegría.

Para eso nace este libro, para rememorar los últimos quince años del siglo XX, un periodo convulso y emocionante, intenso a rabiar, repleto de algunos de los referentes más importantes que ha dado la cultura popular. Para «rememorar», pues estudios científicos han demostrado que la nostalgia es mucho más que añoranza y tristeza por algo que ya no está; es un recurso que nos permite conectar con otro tiempo, otras personas, objetos o eventos, para avanzar con menos miedo y objetivos más claros. Porque en realidad, casi nunca todo tiempo pasado fue mejor, pues nunca hubo nada «mejor» que vivir el presente. Poco hemos innovado en eso. Ahora es el momento, y este, el libro para homenajear películas, discos, series, libros, videojuegos, juguetes y otros pequeños gadgets, que dejaron huella en nuestra memoria; el mejor método para disfrutar del presente.

CAPÍTULO 1

EL CINE ANTES DE NETFLIX...

Hoy en día, el ritmo de estrenos cinematográficos es vertiginoso. Nunca son buenos tiempos para la industria del celuloide, y sin embargo cada viernes tenemos películas nuevas en cartelera. Si a esto le sumamos el catálogo de cualquiera de las plataformas digitales –Netflix, Amazon Prime, Rakuten...–, la oferta accesible para el niño corriente, chaval o joven, es abismal. Pero hubo una época en la que no funcionaba así; hubo una época en la que ir al cine con familia o amigos era un acontecimiento, y en que las películas se pasaban de uvas a peras en televisión –según la estación del año podías calcular más o menos cuándo–. Y entonces no había tiempo que perder con tal de convencer a nuestros padres de que nos compraran una cinta virgen VHS o Betamax. El objetivo: grabar esa película fuera como fuese, y si era saltándose los anuncios, mejor. Finalmente, nuestros padres nos convencían de que grabáramos encima de aquella vieja cinta que habíamos visto unos cuantos cientos de veces. Nosotros tratábamos de defender la importancia de preservar la película, pero sabernos sus diálogos de pe a pa nos delataba. Así, llegaba el momento de hacer de tripas corazón, y sacrificar una de nuestras cintas preferidas. De todos modos, lo que no sabíamos entonces, era que aunque ya no la tuviéramos en nuestra colección, jamás dejarían de ser películas que nos acompañarían toda la vida; películas que recogimos de la generación anterior, y otras tantas que por suerte se estrenaron en nuestro tiempo. Muchas son geniales, otras son malas, pero nuestro cerebro nos hace creer que eran todas buenas. También las hay que son simplemente horrendas, las hay que son peores, y que, de tan malas, hoy son consideradas cine de culto. Y es que viniendo de Chuck Norris y Charles Bronson, aquello de «todo tiempo pasado fue mejor» se convierte aquí en una falacia cuando hablamos de género. Podríamos decir que los blockbusters son cada vez más espectaculares –irrefutable–, que la ciencia ficción es mejor gracias a la tecnología –en absoluto irrefutable–, o que la narrativa ha encontrado nuevas formas lejos de la estructura clásica –este sería motivo de una interesante discusión–. De una forma u otra, esta es una selección de títulos memorables que, no necesariamente por calidad, marcaron una época. Después de todo, ¿qué es el cine sino una gran escuela?

De dónde veníamos: Testosterona por un tubo

Recuperando el hilo de Chuck Norris, si algo había en los ochenta al tiempo de nuestra concepción, y quién sabe si a cuenta de ello, era músculo. Así es: si naciste en 1985 y te gusta el cine, siempre podrás decir que llegaste armando follón, y es que ese año se estrenaron dos películas de acción a cargo de «artistas» consagrados. Mucho antes de Keanu Reeves, la palabra «Matrix» se

De esta guisa se presenta Schwarzenegger en Commando... se metieron con el tronco equivocado.

relacionaba con Arnold Schwarzenegger en *Commando* (1985). Arnold, encumbrado como estrella de Hollywood después de *Conan the barbarian* (*Conan el bárbaro*, 1982) y *Terminator* (1984), y antes de ratificarse posteriormente con *Predator* (*Depredador*, 1987), encarnaba a John Matrix, un comando retirado experto en artes marciales –cómo no– a quien le secuestran a su hija tras rehusar la oferta de trabajo de un dictador y señor de la guerra sudamericano; venganza, traición y muchos tiros, pero también sentido del humor, confeccionaron un film que hoy por hoy podría ser un *spin off* de *Machete* (2010), donde el héroe es un *yankee* con más cuello que espalda y el malo es tan malo como sudamericano.

Commando fue un éxito rotundo de taquilla que recaudó seis veces su presupuesto pese a sus innumerables fallos de raccord. Pero la cifra importante es esta: el coronel retirado John Matrix mata a ciento cuarenta y seis personas en toda la película –a dos de ellos con una sola bala–, de las cuales ciento treinta y ocho se concentran en cuatro únicos minutos. No está mal, tratándose de un jubilado.

Commando coincidió con el estreno de otro clásico de acción alimentando una tensa y mediática relación: El exgobernador de California rivalizaría en cartelera con Sylvester Stallone en *Rambo II* (1985), cuya precuela sirvió de clara inspiración para *Commando*. Coguionizando junto a James Cameron, Stallone se convertía por segunda vez en John Rambo, enviado a Vietnam para averiguar el paradero de unos compatriotas desaparecidos. Cae a la jungla en paracaídas armado solo con un cuchillo, arco y flechas... más que suficiente para liarla parda. La película se llevó cuatro Premios Razzie, incluyendo los de peor actor y peor guión, y por increíble que parezca, ni en esta, ni en la anterior, ni en las siguientes dos –quién sabe si en la que está ahora mismo en producción... ¡Dios mío, danos un respiro!–, Rambo jamás dijo aquello de: «¡No siento las piernas!».

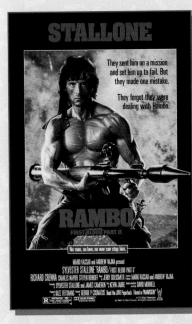

La rivalidad entre Arnold y Sylvester fue notoria. Arnold reconoció en público que le molestaba ver sus nombres escritos en la misma frase, y ambos jugaron a endilgarse el uno al otro papeles descartados en forma de futuros pelotazos; así fue como Schwarzenegger le endosó a Stallone *Stop! Or my mum will shoot* (*¡Alto! O mi madre dispara*, 1992). Pero lo cierto es que Stallone le había enseñado

«Sayonara, baby» le dijo un Terminator al otro.

sus bíceps al mundo mucho antes en la saga *Rocky,* de las cuales tuvimos el «honor» de coincidir con el estreno de su cuarta entrega. En *Rocky IV* (1988) Stallone volvía a ponerse al mando tanto en la dirección como en el guión para contarle al mundo cómo el patriótico Balboa le rompía la cara al soviético Ivan Drago con más pena que gloria.

En realidad, gloria hubo bastante poca, quedándosela toda *Terminator 2: Judgement Day* (*Terminator 2: El Juicio Final*, 1990). James Cameron recuperó el número de teléfono de Schwarzenegger para salvar a John Connor, el hijo de Sarah Connor, de las garras de un temible androide mejorado llamado T-1000, lo que le situaba ahora en el lado de los buenos, quién sabe si haciéndole un flaco favor al actor. La secuela superó en casi todo a la película original pese al relativo poco éxito que tuvo en taquilla, y fue un nuevo empuje para los efectos especiales de la época, grabando imágenes en nuestra retina del calibre del androide T-1000 formándose de nuevo tras recibir un balazo gracias a su composición a base de metal líquido. Por culpa de *Terminator 2*, muchos niños empezamos a repetir una y otra vez la célebre frase de «Sayonara, baby», y a mirar por la luna trasera del coche cuando nuestro padre arrancaba el motor. De todos modos, y por suerte para el séptimo arte y el mundo en general, la rivalidad entre Schwarzenegger y Stallone se diluyó con los años, y en pleno s. XXI les hemos podido ver compartiendo tanto noches de Navidad en Instagram como habitaciones de hospital.

Cinco sagas que heredamos y una que casi nos pasó de largo

En algo en que es especialista la industria del cine es en exprimir la gallina de los huevos de oro. A veces, incluso exprime la gallina tuerta de los huevos de hojalata oxidada. Desgranando la paja, los que jugamos a la Game Boy llegamos a tiempo para rascar bola con interesantes sagas, algunas incluso excelentes. Por ejemplo, conocimos a Mel Gibson en *Mad Max Beyond Thunderdome* (*Mad Max III: Más allá de la cúpula del trueno*, 1985). Puede que sea la peor de la trilogía; puede que «asesinara» a la propia trilogía. Pero su acercamiento al público juvenil con la inclusión de personajes secundarios de corta edad, su estética post-punk apocalíptica y por supuesto, Tina Turner, fueron más que suficiente para que recuperáramos sus mejores entregas anteriores.

Algo similar nos ocurrió con *Super-man IV* (1987), donde el superhéroe de la capa decide eliminar todas las armas nucleares de la Tierra estrellándolas contra el Sol –¡¿cómo?!–. Para ello, el *alter ego* de Clark Kent tendrá que enfrentarse a Lex Luthor, quien se las ha ingeniado para clonarle como lo hizo la ciencia con la oveja Dolly. De tan justo que iba el guión, DC Comics estuvo a punto de rechazar el proyecto, y aunque solo obtuvo dos nominaciones a los Razzie, Christopher Reeve decidió cambiar de aires al año siguiente haciendo películas mucho menos mediáticas, pero con guiones más inspirados. A día de hoy, Superman sigue perdiendo en su particular duelo con Batman, pero hay algo de lo que siempre podrá presumir ante el hombre murciélago: Clark Kent es alguien mucho más cercano a la mayoría de los mortales que Bruce Wayne, aunque sea por su condición de torpe «trabajador».

En cuanto a sagas se refiere, la canela en rama se reservó para Harrison Ford en *Indiana Jones and the Last Crusade* (*Indiana Jones y la última cruzada*, 1989). Siendo seguramente la mejor de la saga –solo igualable por la primera–, provocó que los niños de la época quisiéramos ser arqueólogos, del mismo modo

Indiana Jones y su padre; de tal palo tal astilla.

que quisimos ser paleontólogos al subirnos la fiebre de los dinosaurios con *urassic Park* (*Parque Jurásico*, 1993). En la tercera entrega del profesor Jones, Henry Jones, padre de Indiana, es secuestrado mientras busca el Santo Grial. Solo su hijo podrá salvarle, y ya de paso, deducir que la preciada reliquia no está hecha de otro material, sino de madera –ups, spoiler–. ¡Y todo ello sin perder su sombrero! Puede que sea la más entretenida de la saga, y la inclusión de la relación padre-hijo con un Sean Connery soberbio otorgó a la película una profundidad emocional que hasta ahora solo habíamos encontrado en la habitual relación de amor.

También de padres e hijos, pero lejos de ser la mejor, se estrenó *The God-father: Part III* (*El Padrino. Parte III*, 1990). Sin duda, muchos tendríamos que llegar casi al final de la década de los noventa para comprender la magnitud de esta obra. Por supuesto, por detrás de las dos anteriores entregas y fuera de la novela de Mario Puzo, la tercera parte de *El Padrino* nos hizo partícipes generacionalmente de una de las grandes sagas de la historia del cine. Michael Corleone, heredero del imperio de su padre, Vito Corleone, intenta hacer las cosas bien después de reescribir el significado de la palabra «familia» para muchos jóvenes. Lo hace negociando con el Vaticano, con el fin de legitimar las posesiones de la familia –esta sí– y con la esperanza de encontrar un sucesor que se haga cargo de sus negocios. Aunque es más memorable la imagen de Al Pacino guardando la puerta del hospital, o de Marlon Brando sufriendo un infarto con un trozo de naranja en la boca, que esta colección de escenas en un juicio, seguramente fue esta la saga responsable de que el género negro sea «la cosa nostra» de nuestra generación.

Pero si tuviéramos que escoger una sola película dentro de una saga no-*oria, más de uno nos rendiríamos ante James Cameron, que hizo de *Aliens*

(*Aliens: El Regreso*, 1986) una dignísima secuela de la fantástica obra original de Ridley Scott. Ese alienígena que no dejaba de ser *Jaws* (*Tiburón*, 1975), pero en el espacio, se nos presentaba ahora mucho más grande y mucho más cabreado. Además, la secuela tenía más ritmo que *Alien* (*El Octavo Pasajero*, 1979); en otras palabras: el film era mucho más «comercial», sin que esto tenga por qué ser malo. Lejos de meter la pata, el director convirtió un film de autor en una película entretenida a más no poder, devoradora de palomitas, que nos podía hacer saltar en cualquier momento entre acción y sustos. La oficial Ripley (Sigourney Weaver) es todavía más dura, fuerte y atractiva que en la primera parte, como una versión femenina de Stallone en *Cobra* (1986), abriéndose paso con un lanzallamas entre los pasillos oscuros de un nuevo Nostromo. Ah, y salvando a una pequeña niña que ha perdido a sus padres –¡qué buen corazón tiene la oficial!–.

De cuando la Teniente Ripley le dijo a la Reina Alien «métete con alguien de tu tamaño».

Aliens es una secuela que no superó a la original, pero que tampoco ensució su nombre, sino que engrandó la leyenda. Ya se ocuparía David Fincher en 1992 de tal fracaso con su tercera entrega

Y aquí es donde algunos nos atrevemos a decir que George Lucas no corrió la misma suerte cuando resucitó su querida saga *Star Wars* (*La Guerra de las Galaxias*). La trilogía original terminó en 1983, antes de que algunos viniéramos a este mundo, y por muy poco no nos pasa de largo para meterse de lleno en el s. XXI. Lucas decidió resucitar su obra con el pretexto –quién sabe si verdad o mentira– de que lo tenía en mente desde mucho tiempo atrás, pero que la tecnología no se lo había permitido. *Episode I: The Phantom Menace* (*Episodio I: La amenaza fantasma*, 1999) se empecinó en hacernos creer que lo que habíamos visto antes eran cuarta, quinta y sexta entrega de una «sextología» –después se convertiría en una ¿enealogía? ¿nonalogía?–, y aquellas películas entretenidas con un aire de profundidad seudo-filosófica y mito de la caverna, se convirtieron en un escaparate de los últimos avances tecnológicos, un ir y venir de un sinfín de nuevos y viejos personajes, y mucho politiqueo. Pero mucho. No necesitábamos tres películas más para convencernos de que el Consejo Jedi y la República eran los buenos. Pero para gustos, «episodios».

Cuando los niños éramos los protagonistas

No es raro que el protagonista de *Episodio I* fuera un niño: la mejor estrategia que puede seguir cualquier narrador de historias es conectar con su público objetivo a través de su personaje protagonista. Y para eso, Steven Spielberg es un hábil artista que supo poner al mando de una película como *The Goonies* (*Los Goonies*, 1985) a un grupo de chavales preadolescentes liderados por Mikey (Sean Astin) y su hermano mayor. El que fuera Samsagaz Gamyi, ya apuntaba maneras en esta lección de amistad verdadera vestida de historia de piratas, donde los recuerdos imborrables los puso el nombre de «Gordi» (Jeff Cohen)

y por supuesto la terrible familia Fratelli, a excepción de Sloth (John Matuszak), paradigma de un corazón bondadoso bajo un horrible rostro, o una forma de aprender que no juzgáramos por las apariencias.

Más mayor era Sherlock Holmes (Nicholas Rowe) en su encarnación de *The Young Sherlock Holmes* (*El Secreto de la Pirámide*, 1985), una de aquellas cintas que más de uno tuvimos grabada en Betamax. Mientras que la generación posterior relacionaría toda forma de internado con el mago miope de Harry Potter, nosotros tuvimos a este adolescente sabueso y a su nuevo amigo Watson (Alan Cox) resolviendo los crímenes que mantienen en suspenso a la ciudad de Londres desde el seno de su campus universitario. Tan cierto es que había vida antes de Baker Street, como que esta fue nuestra puerta de entrada al universo de Arthur Conan Doyle. En la trama, unos dardos alucinógenos provocan el suicidio de varias personas, y el joven Holmes es el encargado de demostrar al sargento Lestrade (Roger Ashton-Griffiths) la relación entre estas muertes. Una de estas alucinaciones era la del caballero de una vidriera cobrando vida propia, que se convirtió en el primer personaje cinematográfico creado de manera fotorrealista, es decir, presentándolo como si formara parte del rodaje convencional. El artista y técnico a cargo de semejante empresa fue John Lasseter, quien diez años después dirigiría *Toy Story*.

La segunda mitad de la década fue definitivamente una buena época para las películas protagonizadas por niños. *Honey, I shrunk the kids* (*Cariño, he encogido a los niños*, 1989) o la fantástica adaptación del cuento de Roald Dahl, *The Witches* (*La maldición de las brujas*, 1990), son ejemplos de las aventuras que un grupo de niños podían vivir, aunque fuera solo en una gran pantalla. Sin embargo, para el niño sin pandilla también había aventuras, incluso algo más realistas que las anteriores.

En *Home Alone* (*Solo en casa*, 1990), Kevin McAllister (Macaulay Culkin) es un niño de ocho años a quien su familia numerosa olvida solo en casa al pasar las Navidades fuera del país. Lo que a primera instancia parecen unas vacaciones de ensueño, se convierte en un arduo pero divertido enfrentamiento contra dos ladrones de poca monta que se proponen asaltar las casas vacías de su vecindario. Gracias a esta historia de éxito que se pasaba puntualmente cada invierno en pantallas domésticas, el Macaulay Culkin que nos hizo desternillarnos, nos rompería el corazón después en *My Girl* (*Mi chica*, 1992) antes de convertirse en uno de los mayores «niños rotos» de Hollywood.

Películas y palomitas para toda la familia

La segunda mitad de la década de los ochenta fue también una época gloriosa para los ratos en familia, ya fuera en salas de cine o desde el sofá. La mayoría de las películas anteriores las vimos solos o con la máxima compañía de nuestros hermanos mayores mientras nuestros padres disfrutaban a su manera de largas sobremesas familiares. Pero hubo otras que sí pudimos disfrutar junto a nuestros padres con la cabeza recostada y un bol de palomitas recién hechas en la sartén. Quizá, el caso más notorio sea el de la película de Robert Zemeckis, *Back to the future* (*Regreso al futuro*, 1985). Tenemos a un adolescente que no soporta que lo llamen «gallina», a un científico loco y a un perro lanudo con nombre de genio, ¿qué podría salir mal? Y, sin embargo, Marty McFly (Michael J. Fox) viaja por error al año 1955 en un flamante Delorean, donde tendrá que conseguir que sus padres se enamoren con tal de garantizar su propia existencia antes de regresar a su presente.

La película evocaba recuerdos a los adultos mientras nos explicaba a los jóve-

John Travolta, de taxista a inesperado padre perfecto.

nes que hubo un día en que nuestros padres también lo fueron. Fue un pelotazo tal que se convirtió en la primera de una trilogía que si bien, no es tan sobresaliente, salvaguarda su nombre con notable dignidad.

Hubo muchas películas que supieron conectar con todos los públicos de un mismo hogar a través de la misma estrategia que empleó Zemeckis. *Big* (1988) promocionó a un jovencísimo Tom Hanks muchos antes de descubrirse como un grande del género dramático, introduciendo a un niño de trece años en el cuerpo de un adulto, creando el paradigma ideal para que conectaran grandes y pequeños, mientras *Look Who's Talking* (*Mira quién habla*, 1989) extremaba el rango de edad aunando en pantalla una trama de adultos sobre amor verdadero, y a un bebé con mucho que decir sobre John Travolta, el taxista que le ayudó a nacer. Pero no todo quedaría entre carne y hueso: *Short Circuit* (*Cortocircuito*, 1986) es la historia de un robot creado con intenciones malvadas que, tocado por un rayo –quién sabe si con mensaje divino oculto–, adquiere vida propia con el suficiente juicio para huir del laboratorio que lo creó. Así, el robot comprende el valor de la vida, y desarrolla emociones como el miedo al desguace, el destino que le espera si lo atrapan sus malvados creadores. No sabemos si Número 5 –como se le llamó en el doblaje español– era un antepasado de Wall-E, el robot animado preferido de las generaciones posteriores, pero sí resultó ser un devorador de conocimiento, un fantástico cocinero y un divino imitador del Travolta de *Saturday night fever* (*Fiebre del sábado noche*, 1978). Además de una letal máquina de guerra, por supuesto. Lamentablemente, y aunque nos hicieron tanto reír como llorar, ni esta secuela ni la de *Mira quién habla* estuvieron a la altura.

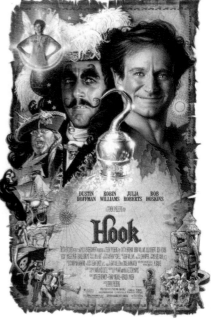

Pero la cumbre del cine familiar para toda la vida de la Generación Game Boy no estaría completa sin otra película y la recuperación de dos cuentos clásicos. Steven Spielberg revisó Peter Pan en *Hook* (1991) para que los niños recordáramos por siempre el nombre de Robin Williams, algo que los adultos ya hacían desde *Dead Poets Society* (*El club de los poetas muertos*, 1989). En cambio, Richard Donner, el director de *Los Goonies*, actualizó el clásico *Cuento de Navidad* de la mano de Bill Murray. *Scrooged* (*Los fantasmas atacan al jefe*, 1988) se convirtió en una reposición obligada cada Navidad durante la década de los noventa. Ese mismo año, Zemeckis repitió éxito estrenando el que podría ser considerado el precedente de *Space Jam* (1996): *Who Framed Roger Rabbit* (*¿Quién engañó a Roger Rabbit?*, 1988) contaba la historia de Eddie Valiant, un detective de tres al cuarto, destinado a ayudar al «dibu» Roger Rabbit a encontrar al asesino de Marvin Acme, propietario del negocio de artículos de broma y dueño de Toontown. La película, que mezclaba secuencias reales con animadas, unió la crema de los dibujos animados con el género policíaco, para recrear algunas escenas que servían de homenaje a *Chinatown* (1974). Obviamente, las armas de fuego, la despampanante Jessica Rabbit y un bebé que fuma puros de cuatro en cuatro, la desviaron de ser una película claramente infantil, pero sirvieron para lanzar un videojuego de culto para Game Boy.

En *Regreso al futuro*, Michael J. Fox, uno de los iconos de nuestra generación, nos daba la primera lección sobre rock'n'roll, homenajeando a Chuck Berry y su incontestable «Johnny B. Goode». Pero sus días con la guitarra –y como actor– parecieron contados cuando en 1991, los médicos le diagnosticaron párkinson con tan solo veintinueve años. Por suerte, la suya es una historia de superación, pues en 2016 se le pudo ver tocando la guitarra sobre un escenario junto a la banda británica Coldplay.

Antes de la Comunidad del Anillo...

Mucho antes de que se adaptara al cine la trilogía de J. R. R. Tolkien, y después de que George Lucas nos sacara de paseo por las galaxias –y de sus dos *spin off*

sobre el mundo de los Ewoks–, hubo tres películas independientes que alimentaron nuestra imaginación con mundos fantásticos y algunas criaturas maravillosas. La primera en dejar huella para la posteridad fue *Labyrinth* (*Dentro del laberinto*, 1986). Cuenta la historia de Sarah (Jennifer Connelly), una joven que tiene que recorrer un laberinto para rescatar a su hermano pequeño, un bebé que ha sido secuestrado por los duendes del malvado Jareth (David Bowie). Bowie, en su versión más glam, aportó a la película una excelente interpretación y una fantástica banda sonora. Con dirección de Jim Henson, creador de *The Muppets* (*Los Teleñecos*); guión del Monty Python, Terry Jones; animación de Frank Oz, y producción de George

En La Princesa Prometida decían «Como desees» cuando querían decir «te quiero».

Lucas, *Dentro del Laberinto* se convirtió en uno de los hitos de la década, y desde luego en un intocable de nuestra generación.

Un año después, se estrenó la adaptación de la novela de William Goldman, *The Princess Bride* (*La Princesa Prometida*, 1987). La película dirigida por Rob Reiner arranca más o menos como lo hiciera *The Neverending Story* (*La historia interminable*, 1984), con un anciano visitando a su nieto enfermo con la intención de leerle un libro. El niño, reticente, no quiere compartir tiempo con su abuelo, quien hace oídos sordos y comienza la lectura del cuento: Westley (Cary Elwes), un joven con apariencia de «Zorro», regresa a su tierra para casarse con su prometida, la princesa Buttercup (Robin Wright). Sin embargo, esta ha sido secuestrada y para recuperarla deberá enfrentarse a Vizzini (Wallace Shawn) y sus secuaces, siendo uno de ellos, el famoso Íñigo Montoya (Mandy Patinkin), el de «tú mataste a mi padre, prepárate a morir». Esos mismos secuaces son los que después le rescatarán a él del temible príncipe Humperdink (Chris Sarandon), que quiere casarse con la princesa a toda costa. Esta trama de obstáculos amorosos no fue un gran éxito de público, pero con los años se convirtió en una película de culto con banda sonora a cargo de Willy DeVille y Mark Knopfler.

Puede que la menos recordada sea *Willow* (1988), una película de fantasía medieval y brujería protagonizada por el «gran» Warwick Davis, el enano detrás del disfraz de Ewok en las películas de Lucasfilm. Sin intención de destripar el argumento, *Willow* es una película que combina de forma inteligente acción y humor, con mensajes de amor, superación y amistad verdadera. Un guión ágil y bien dosificado, la dirección de Ron Howard, quien venía de hacer *Cocoon* (1985), y la interpretación de Val Kilmer, entre héroe y torpe payaso, hacen de esta película de aventuras un lejano pero nunca olvidable recuerdo de nuestra infancia que requiere de una revisión obligada.

De Disney a Pixar

Por edad, pero también por lloros y berrinches, tan probable es que la primera película que nuestros padres nos llevaron a ver al cine fuera de Disney, como que esperaran a que tuviéramos por lo menos cuatro años para hacerlo. En tal caso, *The Little Mermaid* (La Sirenita, 1989) tiene números de haber sido la primera película que vimos en la gran pantalla aun con doblaje latinoamericano. La princesa Ariel, hija del rey Tritón, se enamora del príncipe –cómo no– Eric. Pero su amor es imposible porque las relaciones entre sirenas y humanos están prohibidas en el fondo del mar. Ella le salva de un naufragio, para hacer gala de su famoso canto de sirena. Él, que no puede verla, solo recuerda la maravillosa voz de quien la rescató –a falta de zapato sin pareja...–. A Ariel le falta tiempo

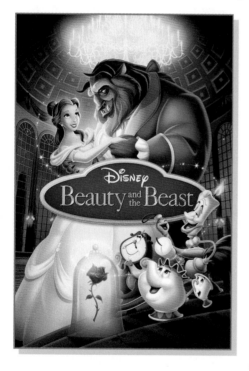

para dejarse llevar por la ilusión y hacer tratos con la malvada bruja Úrsula, quien la convierte en humana durante tres días a cambio de su dulce voz, y ya la tenemos liada. El Rey Tritón se enoja, la bruja resulta ser más malvada de lo que en un inicio parecía, hay una cigüeña graciosa y el mejor de todos: un cangrejo de nombre Sebastián, que cantaba «Bajo el mar» mucho antes que lo hiciera Bob Esponja.

Algo mejor, pero con igualmente estereotipados roles de género, fue *Beauty and the Beast* (La Bella y la Bestia, 1991), donde las canciones se sucedían entre escenas con familias convertidas en juegos de café, un candelabro parlanchín y una bella destinada a enamorarse de una bestia para descubrir que en realidad se trataba de un príncipe encantado. *Aladdin* (1992) subiría un peldaño el nivel, desde el exótico paisaje del mítico reino árabe de Agrabah. Aladdin es un ingenioso bribón, un joven ladrón con buen humor pese a vivir en la más extrema pobreza que sueña con casarse con Yasmin, la hija del sultán. Pero se deja enredar por Yafar, el visir del sultán que lo manda en busca de una lámpara mágica perdida en las profundidades de la Cueva de las Maravillas. Allí es donde aparece El Genio, principal sustento cómico de esta película infantil que marcaría precedente en las futuras sobreactuadas interpretaciones de Jim Carrey desde *The Mask* (*La máscara*, 1994).

Y, sin embargo, la fábrica de ilusión –y de modelos cuestionables– para niños, nos rompería el corazón a todos en la que fue la última película infantil que consumimos en masa desde la Generación Game Boy. En la sabana africana vive un cachorro

león de nombre Simba. Simba es propenso a meterse en líos con su amiga Nala, y es también el heredero del «trono» –un pedrusco en mitad de la sabana–, pues su padre Mufasa es el gran Rey León, quien le enseña a amar y a respetar a todas las especies de la sabana. Pero un día, Simba se ve en medio de una estampida de ñus agitados por Scar, el hermano de Mufasa, y su padre acude aprisa a su rescate con tan mala fortuna que muere después de salvar a su hijo. El pequeño Simba, vulnerable y traumatizado de por vida, se siente responsable de la muerte de su padre y huye de la sabana engañado por Scar, quien ha urdido el plan para apoderarse del trono junto a las hienas. Por suerte, Simba crecerá e impartirá justicia y venganza en esta adaptación del cuento de Hamlet que es *The Lion King* (*El Rey León*, 1994), la última gran película de Disney que, aun haciéndonos reír, nos rompió el corazón. Ni «Hakuna Matata» ni leches, Factoría Disney, sabemos de qué va la historia.

Un año después llegó *Toy Story* (1995) dispuesta a cambiarlo todo: Pixar presentó sus credenciales, como lo hizo la animación moderna en un cuidadísimo guión con protagonistas que eran juguetes, pero muy humanos. Woody es un cowboy de trapo que corre el riesgo de pasarse de moda cuando aparece Buzz Lightyear, el último juguete del mercado. Su rivalidad inicial se desarrolla en una película de aventuras con arcos de transformación ejemplares, desembocando en una gran amistad. Sentido del humor, ternura y una gran idea, pues todos los que jugamos con juguetes imaginamos alguna vez que cobraban vida, hasta que dejaban de interesarnos por la última novedad. Amistad, respeto, convivencia, autoestima... son algunos valores que quedan reflejados en una película en la que lo inanimado cobra vida para potenciar el sentido de la nuestra.

«¿Te llamas Totoro? Totoro, seguro que sí. Totoro».

Anime infantil para adultos

Studio Ghibli, el estudio japonés de animación considerado uno de los mejores del mundo, se fundó en 1985. Sus películas comparten un sello de calidad, y en especial las dirigidas por Hayao Miyazaki, maestro artífice de sus principales y mejores producciones. Una de ellas, responsable de la mascota del estudio, es *Tonari no Totoro* (*Mi vecino Totoro*, 1988). Aunque no se estrenó en España hasta 2009, *Mi vecino Totoro* es la tercera película oficial del estudio, y fue la primera en suponer un éxito rotundo tanto en festivales, como en volumen de ventas de su *merchandising*, cuyo volumen de venta de peluches de Totoro salvó al estudio de la quiebra. El film cuenta la historia de Satsuki y Mei, dos niñas que entablan amistad con Totoro, el espíritu del bosque. Lejos de ser un argumento puramente infantil, la madre de las niñas se encuentra hospitalizada enferma de tuberculosis –tal y como le ocurrió a la madre de Miyazaki– mientras su padre es un profesor universitario que estimula su imaginación. *Mi vecino Totoro* es tierna, infunde maravillosos valores y distrae a los niños con seres increíbles, a la par que conmueve a los adultos recordándoles su infancia. Sin duda, una de nuestras preferidas, y del director Terry Gilliam que siempre la ha defendido como la mejor película animada de la historia.

Pero el primer estreno de Studio Ghibli en España ocurrió en 1994, coincidiendo con el auge del anime en el mundo occidental, y no fue otro que *Kurenai no buta* (*Porco Rosso*, 1992). Porco es un piloto italiano que, después de participar en la Primera Guerra Mundial, queda hechizado y transformado en cerdo. Así, lejos de su cargo militar, su profesión pasa a ser la de cazarrecom-

Porco Rosso refleja dos obsesiones de su director Haya Miyazaki: por un lado, el acto de volar, puesto que en casi todas sus películas aparecen escenas de vuelo con o sin vehículo. Su segunda gran obsesión no es otra que los cerdos, lo que ha llevado a nuestro querido Porco a aparecer en películas posteriores en forma de cameo, y a otros personajes secundarios los ha condenado a sufrir su misma maldición, como les ocurre a los padres de *Chihiro Ogino en Sen to Chihiro no kamikakushi* (*El viaje de Chihiro*, 2001), transformados en cerdo antes de que su hija parta en su particular travesía.

pensas, lo que le provoca múltiples enfrentamientos con los piratas aéreos del mar Adriático. Los piratas, cansados del piloto que frustra sus fechorías, deciden contratar a un piloto estadounidense que le dé caza. *Porco Rosso* se convirtió en el estreno más taquillero de la historia en Japón, y aunque el periódico *El País* filtró la noticia de que se estaba preparando una secuela que tendría lugar en la Guerra Civil española, Miyazaki lo desmintió rápidamente. Pero si recuperamos la popular frase de las islas británicas utilizada para definir algo como imposible, que expresa que algo ocurrirá «cuando los cerdos vuelen», pues aquí hay uno. Y bien majo que es.

El protagonista de la tercera gran obra del estudio en los noventa no tendría la fuerza de Porco, pero sí su gran corazón, marca de la casa. *Mononoke Hime* (*La Princesa Mononoke*, 1997) cuenta la historia del joven Ashitaka cuando sale en busca del dios Ciervo con el fin de curar la herida provocada por un jabalí enloquecido. Es en este viaje repleto de aventuras donde conoce a San, la princesa Mononoke, una chica adoptada y criada por la diosa loba Moro, quien le ayudará a comprender cómo los animales del bosque luchan contra los hombres para defender a la Naturaleza de su destrucción. La película fue un éxito instantáneo, además de la más taquillera de Japón hasta *Titanic* (1997), mientras que, en España, unida a la popularidad incipiente de eventos como

el Salón del Manga, fue un fenómeno entre los seguidores del anime. Lo que no sabíamos entonces era que, en realidad, «Mononoke» no era un nombre propio, sino una descripción que podría traducirse como «espíritu vengador», por lo que la película podría haberse llamado *La Princesa de los Espíritus Vengadores*. Claro que a lo mejor Iron Man, el Capitán América, Thor o Hulk tendrían algo que decir al respecto.

Héroes extraordinarios de aquí, de allí, y del subsuelo

Algo que necesita un niño pequeño –«algo» de «mucho», se entiende– son referentes. Y la gracia está en que, siendo niño, estos pueden ser de los más pintorescos: pueden ser guapos y populares, pero también mundanos y patosos, mamíferos o reptiles, del planeta Tierra o del confín de la galaxia... Pero en el caso de un niño nacido en los ochenta, es muy probable que nuestro primer héroe fuera He-Man, «¡el hombre más poderoso del Universo!». Las figuras de acción desarrolladas por Mattel que se llevaron al cómic como soporte de ventas, y poco después a la televisión, dieron el salto a la gran pantalla en 1987. En *Masters of the Universe* (*Masters del Universo*, 1987), He-Man (Dolph Lundgren) y sus aliados se enfrentan al temible Skeletor (Frank Langella), quien ha tomado el castillo de Grayskull en el planeta Eternia. Para vencerle, deberán recuperar una llave cósmica que ha caído en manos de unos jóvenes de la Tierra, que han confundido el artilugio con un instrumento musical. La película es horrible, pero maravillosa al mismo tiempo, y quizá sea el mejor símbolo de nuestra infancia. Por contra, el coleccionar sus figuras de acción pudiera ser la desgracia económica de nuestros padres; había que tenerlos todos, buenos y malos, el gato de combate Cringer, el castillo de Grayskull... ¿Alguien ha dicho Conan el bárbaro? Ese era un segundón al lado de He-Man, y como prueba, el precio de las figuras originales en el mercado de segunda mano: He-Man, en su blíster original, puede alcanzar los trescientos euros nada menos.

Mucho más terrenales, pero igualmente extraordinarios, eran Bill Murray y los suyos en *Ghostbusters 2* (*Cazafantasmas 2*, 1989). Tras aprender que cruzar los rayos de protones no era tan malo cuando se trataba de acabar con un hombre de malvavisco gigante, y así salvar la ciudad de Nueva York, Peter Venkman (Bill Murray) y sus socios están de capa caída. Además, la vida personal del parapsicólogo de persuasivos pero torpes encantos es un desastre después de haber roto con Dana Barrett (Sigourney Weaver), quien ha tenido un hijo con otro hombre. Pero en cuanto Dana ve que al cochecito de su bebé le da por pasear solo por la ciudad, acude a su ex en busca de ayuda; parece que los elementos sobrenaturales han vuelto. En esta segunda entrega tuvimos ocasión de conocer a Peter MacNicol en el papel de Janosz Poha, el siervo de Vigo, «el Azote de los Cárpatos», mucho antes de convertirse en el «Bizcochito» de Ally McBeal. Aunque batió el récord de recaudación en un

fin de semana de estreno y dejó un imborrable recuerdo en nuestra memoria, esta secuela no contentó en exceso a Bill Murray, que se quejó de los excesivos efectos visuales y de que se rebajara el tono de humor por atraer a los espectadores más jóvenes.

Efectivamente, *Cazafantasmas 2* tuvo la mayor recaudación en un fin de semana de estreno en la historia, pero una semana después, el récord se lo arrebató *Batman* (1989). El éxito de *Beetlejuice* (1988) le valió a Tim Burton para que le dieran

Aunque *Masters del Universo* fue un éxito generacional convertido en film de culto para nostálgicos –igual que *Las Tortugas Ninja*–, la película fue un fracaso estrepitoso en taquilla. Recaudó alrededor de diecisiete millones de dólares frente a los más de veintidós millones que costó su producción. La película, que nos reservaba una sorpresa tras los créditos –¡Oh no! ¡Skeletor ha sobrevivido!– iba a contar con una secuela que nunca llegó a producirse, pues el estudio Cannon Films, que ese mismo año produjo el fiasco *Superman IV*, se fue a la quiebra dejándonos a todos en ascuas.

el trabajo, y fue él quien escogió a Michael Keaton por su actitud aparentemente nerviosa y atormentada. Aunque *Batman* forme parte del género de superhéroes, su protagonista no deja de ser un hombre extraordinario. ¿Que qué tiene de «extra»? El mejor mayordomo del mundo, una mansión enorme, y una cuenta bancaria inacabable. Luego está lo del trauma de infancia, claro, y aquel collar de perlas rompiéndose al caer al suelo que nos quedó a todos grabado en la memoria como lo hizo la sonrisa de Jack Nicholson interpretando al carnavalesco Joker; la estelar interpretación de Heath Ledger veinte años después se la borraría de cuajo. Con este film se inició una saga que fue de más a menos, y un antifaz que pasó por las manos de Val Kilmer y George Clooney, hasta llegar a Christian Bale; el que sale ganando en todas las comparaciones por mucho cariño que le tengamos al original.

Pero para héroes sorprendentes, esperando junto a He-Man en la sala de grandes referentes de infancia, cuatro tortugas: Donatello, Raphael, Leonardo y Michelangelo son los únicos capaces de resolver una escalofriante ola de atracos que está teniendo lugar en Nueva York. Este punto de partida sería de lo más inverosímil si no fuera porque los atracadores son poco menos que ninjas a las órdenes de Shredder (James Saito). Comandadas por el maestro

Splinter, una rata gigante entrañable que aprendió artes marciales imitando a su amo, las cuatro tortugas defienden el bien y la justicia desde las cloacas, entre trozos de pizza de pepperoni y con ayuda de la reportera April O'Neil (Judith Hoag). *Teenage Mutant Ninja Turtles* (*Tortugas Ninja*, 1990) se convirtió en el film más taquillero de todos los tiempos a lo largo de nueve gloriosos años, cuando fue superada por –la gran estafa de– *The Blair Witch Project* (*El Proyecto de la Bruja de Blair*, 1999). *Las Tortugas Ninja* nos marcó sobremanera, y sus figuras de acción podían coexistir en el mismo planeta imaginario que las de los *Masters del Universo* sin ningún tipo de complejo. Diré más: hoy en día, la pizza de pepperoni sigue siendo la favorita de la Generación Game Boy.

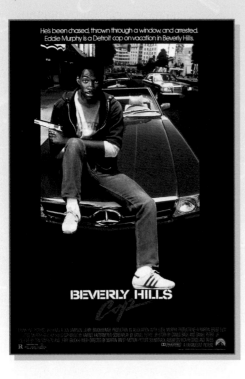

Agentes de la ley al servicio del país

Para los niños que no se convencieron de que cuatro tortugas pudieran tomar forma humana, hubo entre finales de los ochenta y a lo largo de los noventa una retahíla de hombres al servicio del país dispuestos a defender la ley a capa y espada, o más bien, a placa y pistola. En *Lethal Weapon* (*Arma Letal*, 1987), Martin Riggs (Mel Gibson) y Roger Murtaugh (Danny Glover), al estilo de una extraña pareja, se ven obligados a sobrellevar sus caracteres variopintos para frustrar una operación de contrabando de droga. El primero es un policía con tendencias suicidas mientras que el segundo, un ejemplar agente veterano y padre de familia. La pareja no lo hizo mal, pues repitieron hasta en tres ocasiones, todas ellas a cargo del director Richard Donner. La saga policíaca es una de las más notorias de la época sin necesidad de florituras: le basta con un poco de sentido del humor, un trasfondo emocional, y una bomba en el retrete en la segunda entrega. Dejó huella sobre todo su vertiente cómica, que acercó el cine de acción a toda la familia, como lo hizo el maestro de ceremonias Eddie Murphy con su saga *Beverly Hills Cop* (*Superdetective en Hollywood*); este, sin bombas en el retrete, pero con un «Aniquilator 2000» que más que un arma parecía una Thermomix con horno eléctrico incorporado a una sandwichera.

Pero quien hizo méritos para convertirse en nuestro policía generacional predilecto, fue el único capaz de escribir en la cami-

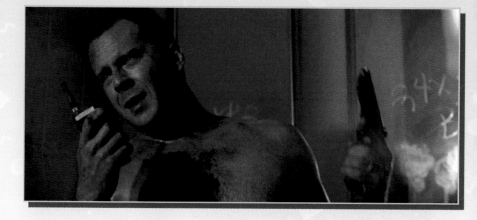

seta de un cadáver con gorro de Papá Noel, «Now I have a machine gun, ho, ho, ho». Bruce Willis se erigió en el hombre de acción insigne desde el mismo momento en que pronunció las palabras «Yippi ka yei, hijo de puta». En *Die Hard* (*Jungla de Cristal*, 1988), John McClane es un oficial del Departamento de Policía de Nueva York, y aunque está fuera de servicio, decide enfrentarse a un grupo terrorista comandado por Hans Gruber (Alan Rickman) que ha tomado un grupo de personas como rehenes en el Nakatomi Plaza, un rascacielos de Los Angeles. Por si esto fuera poco, la esposa de McClane se encuentra entre ellos. Pero John no está completamente solo, pues cuenta con la ayuda del rechoncho sargento Al Powell al otro lado de un walkie-talkie, quien al final de la película demuestra su valía tanto como policía como chófer. El film es una de las mejores películas de acción de los noventa, junto al tercer volumen de la saga, donde McClane se enfrenta a Simon Gruber (Jeremy Irons), un villano que quiere vengar a su hermano fallecido en la primera entrega, y que se pasa media película paseando a McClane por la ciudad jugando a «Simon dice»; por suerte, ahí está Samuel L. Jackson y su taxi para pagarle la carrera, incluso a través de Central Park.

Sin embargo, el «agente al servicio del país» por excelencia lleva la nomenclatura 007 escrita en la frente. Y nuestra generación lo conoció con el rostro de Pierce Brosnan en *GoldenEye* (1995). Aunque Timothy Dalton había estrenado sus dos películas como James Bond a finales de los ochenta, nunca en la historia del agente secreto y sus adaptaciones al cine, transcurrieron tantos años –seis– entre una película y otra. Está lejos de

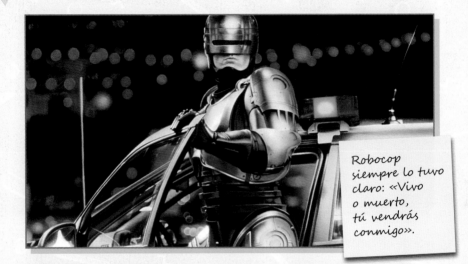

Robocop siempre lo tuvo claro: «Vivo o muerto, tú vendrás conmigo».

las mejores, pero *Golden Eye* fue la primera en la que Pierce Brosnan se puso al servicio de la Reina de Inglaterra; nuestro James Bond generacional antes de que prefiriéramos a Sean Connery o Roger Moore. También eran nuevos los rostros de M –por primera vez interpretado por una mujer– y el de Moneypenny. Pero el principal argumento a favor de esta obra no es la sinopsis, sino que modernizó la saga, además de adaptarse brillantemente en videojuego para *Nintendo 64*; todo un «vende consolas».

Años atrás, hubo otro agente de policía que se ganó nuestro cariño gracias a un cóctel de ciencia ficción y profundo drama personal. En un futuro distópico, el agente Alex J. Murphy (Peter Weller) patrulla las calles de Detroit junto a su compañera Anne Lewis (Nancy Allen), cuando es brutalmente torturado y asesinado. Su cuerpo sin vida se convierte en una cobaya para crear la máquina letal definitiva, mitad hombre, mitad robot, al que llamarán Robocop. El proyecto es un éxito, hasta que esta «máquina letal» comienza a recuperar recuerdos de su vida anterior, y Murphy –perdón, Robocop– decide vengarse de la cuadrilla de tiranos que lo mataron. El giro viene cuando descubre que sus asesinos están estrechamente relacionados con los responsables de haberle convertido en un abrelatas. *Robocop* (1987) tiene algunas escenas inolvidables, como el disparo que atraviesa la falda de una mujer para reventarle los cataplines a su agresor, o el villano que termina estrellándose contra un barril de residuos químicos con los que se derrite antes de ser atropellado y reventar como una masa gelatinosa repleta de agua y sangre.

Mucho más campechano que el agente Murphy embutido en una lata de conservas se mostraba Will Smith en *Independence Day* (1996). El 2 de julio de un año cualquiera, unas inmensas naves alienígenas con forma de sartén sin

Mientras *Independence Day* engrandecía la historia y a sus protagonistas, la coetánea *Mars Attacks!* (1996) se esmeró en ridiculizar el género. Dirigida por Tim Burton, esta parodia de las películas de ciencia ficción de los años cincuenta, cuenta con un guión casi calcado al del film de Roland Emmerich. Ambas tienen platillos volantes y bichos cabezudos, y una familia rural que se desenvuelve mucho mejor de lo que creían a la hora de matar alienígenas. Pero mientras la película de Will Smith fue un éxito rotundo, la de Tim Burton pasó con discreción pese a contar con un cameo de Tom Jones. Inexplicable.

mango, se posan sobre las ciudades más importantes del planeta. El presidente de los EE.UU. decide no abandonar la Casa Blanca para que no cunda el pánico –a diferencia de su homólogo ruso, por supuesto–. El gobierno, de buena fe, intenta comunicarse con las naves, pero descubren que la señal de radio que emiten los alienígenas es en realidad una cuenta regresiva. ¿Para qué? Para arrasar varias ciudades, con la tan suculenta escena de un rayo de luz haciendo estallar la Casa Blanca. Es el momento de contraatacar, y para ello está el Capitán Steven Hiller (Will Smith), quien logra derribar una nave alienígena, darle un puñetazo a su tripulante cabezón y decirle aquello de «bienvenido a la Tierra». Acción, pero también el habitual sentido del humor del actor, sirvieron para que todos nos volviéramos locos con esta película que en realidad no era más que otra historia de ciencia ficción en la que los EE.UU. salvan el planeta un 4 de julio, actualizando la celebración de su Día de la Independencia.

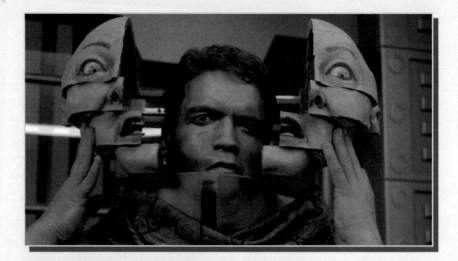

El futuro que imaginamos y que (por ahora) no resultó

Año 2084. Doug Quaid (Arnold Schwarzenegger) vive apaciblemente junto a su esposa Lori (Sharon Stone), salvo por unas terribles pesadillas que lo transportan hasta Marte. Doug quiere viajar al planeta rojo, y para ello acude a Memory Call, una empresa dedicada a implantar recuerdos. Pero la implantación sale mal y Quaid se despierta creyendo ser un agente secreto al que quieren matar. La empresa borra los cambios realizados, pero cuando Quaid regresa a casa, descubre que todo es una farsa orquestada para controlarle, y que realmente quieren acabar con su vida. Adaptación de una novela de Philip K. Dick, *Total Recall* (*Desafío Total*, 1990) fue una de las mejores películas de ciencia ficción en nuestra infancia, pese a calificarse como no recomendada para menores de dieciocho años en algunos países por su excesiva violencia. Schwarzenegger, que contó con gran poder de decisión sobre el guión, propuso a Paul Verhoeven como director tras haber triunfado con *Robocop*. La apuesta parecía segura, y aunque casi treinta años después no diríamos que se trata de una obra maestra, lo cierto es que una mujer con tres pechos, Schwarzenegger apareciendo detrás del rostro de una señora, y la infinidad de bromas con el parecido entre Kuato y Jordi Pujol, son imágenes que perdurarán por siempre en nuestro imaginario. Por supuesto, Sylvester Stallone tuvo que responder...

Año 2032. El peligroso asesino Simon Phoenix (Wesley Snipes) es despertado de su criogenización en prisión para la revisión de su libertad condicional, momento que aprovecha para escapar a la ciudad de San Angeles. Debido a la falta de recursos de la policía para actuar ante tal depravado en un tiempo en que la delincuencia es casi nula, deciden descongelar al mismo agente que lo capturó en el pasado: John Spartan (Sylvester Sallone), criogenizado por un crimen que no cometió. Esta historia detrás de *Demolition Man* (1993) es una libre interpretación de *Un Mundo Feliz* de Aldous Huxley, apellido que comparte con el personaje que interpreta Sandra Bullock, Lenina Huxley. La pareja se dedica a perseguir a Phoenix, erigido en amo y señor de la ciudad, construyendo una relación en la que Lenina es mentora del tiempo futuro, pero también niñera de Spartan. Siendo francos, el guión no es gran cosa, pero la película está plagada

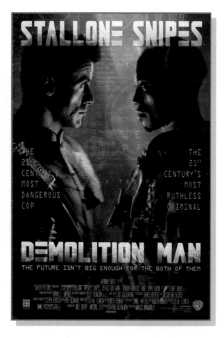

de pequeños detalles difíciles de olvidar: hamburguesas de deliciosa rata en el submundo, prohibición del sexo, prohibición de la blasfemia, prohibición de las armas, unas «conchas» que sirven de papel higiénico, y por supuesto, la delicia de todo niño de los noventa, pues Pizza Hut –Taco Bell en la versión original– tiene el monopolio sobre los restaurantes. Visto así, este futuro distópico y ciberpunk no está tan mal planteado; aunque si hablamos de ciberpunk...

Año 2019 –¡nos ha pillado el tren!–. Neo-Tokio se alza solemne sobre los restos de la antigua capital japonesa, destruida durante la Tercera Guerra Mundial. El país sufre un colapso perpetuo por las continuas crisis políticas, alimentando un clima de crispación plagado de actos vandálicos y revolucionarios. Kaneda, joven pandillero líder de una banda de moteros, recorre las calles de la ciudad junto a Tetsuo, su mejor amigo que lo observa con envidia y admiración. Pero en un enfrentamiento con Los Payasos, Tetsuo sufre un accidente de moto y termina ingresado en unas instalaciones militares, donde científicos experimentan con humanos en busca de un arma definitiva: un ser que domine la «energía absoluta». Tetsuo se destapa como poseedor de poderes psíquicos y se embarca en una autodestructiva espiral donde la única persona capaz de detenerle, y tal vez de rescatarle, es su viejo amigo Kaneda. Dirigida por Katsuhiro Ôtomo, autor del homónimo manga, *Akira* (1988) nos descubrió el anime a medio mundo, así como una serie de motos ultra modernas. Espectacular, violenta, impredecible, impresionante, película de culto y obra maestra son términos válidos cuando se refieren a *Akira*, el mejor anime para adultos hasta la aparición de *Ghost in the Shell* (1995), otra profunda e increíble obra, donde una ciborg policía investiga las actividades de un hacker súper criminal, invasor de las autopistas de la información. Ambas en la cresta del anime en cuanto a futuros que imaginamos, *Ghost in the Shell* fue más prudente al transcurrir en el año 2029.

Año 2035. El prisionero James Cole (Bruce Willis) se ofrece como voluntario para viajar al pasado en busca de una muestra del virus que ha relegado a la humanidad al subsuelo tras matar a millones de personas, con el fin de que los científicos puedan encontrar una cura y ganarse así su indulgencia. Pero un error hace que llegue a 1990 en lugar de 1996, y termina encerrado en un centro psiquiátrico donde conoce a Jeffrey Goines (Brad Pitt), miembro del Ejército de los 12 monos, teóricos responsables de la epidemia mortal. Con sus idas y venidas entre el futuro y pasado, *Twelve Monkeys* (*12 Monos,* 1995) nos introdujo en la dimensión post-apocalíptica coincidiendo con el papel de Keanu Reeves en *Johnny Mnemonic* (1995), pero también en el anti consumismo, e incluso en el animalismo de la mano del director Terry Gilliam, quien pudo aprovechar mucho de lo aprendido en *Brazil* (1985), otra magnífica obra de ciencia ficción. Además, juntó en la misma cinta a Bruce Willis y Brad Pitt, dos grandes actores que pasaban por un buen momento. Aunque el final de la película quedara en abierto, James Cole cierra su círculo particular de forma sorprendente a la par que intensa, lo que aportó su grano de arena para que nos hiciéramos todavía más seguidores de Bruce Willis.

Noches sin dormir, o la importancia de no fiarse de las apariencias

En un pequeño y aparentemente tranquilo pueblo de Maine habita un ser sobrenatural que tiene la habilidad de transformarse en los peores temores de sus víctimas para acecharlas. En la mayoría de ocasiones, opta por la forma de un payaso llamado Pennywise (Tim Curry) que aterroriza a los niños, hasta que un grupo de marginados del colegio prometen acabar con él. Lo hacen en dos tandas: primero en 1960, y lo rematan treinta años después. Este es, a grandes rasgos, el argumento de *It* (*Eso*, 1990), la adaptación de la novela del genio del terror, Stephen King. Aunque la película de cuatro horas no se estrenó propiamente en el cine, sino en un pase doble de televisión, su emisión atrajo a treinta millones de espectadores. La crítica fue unánime del mismo modo que lo fuimos los niños de la época: Tim Curry daba un miedo de aúpa. Tan atractiva y absorbente como terrorífica, nos convenció para mirar con recelo hacia las alcantarillas, para no bajar la guardia en las bibliotecas, y para evitar a toda costa los payasos en las fiestas de cumpleaños. ¿Quién se pintaría la cara si no tuviera algo que ocultar? Stephen King quedó satisfecho con la adaptación, tanto como los niños de los noventa, que la encumbramos como una de nuestras películas de terror favoritas; el gremio de los payasos, tal vez no.

Igualmente inquietante fue *The Silence of the Lambs* (*El silencio de los corderos*, 1991), el thriller de los noventa con permiso de *Se7en* (*Seven,* 1995). Clarice Starling (Jodie Foster) es una licenciada experta en conductas psicópatas que tiene que ayudar al F.B.I. a encontrar al asesino en serie Buffalo Bill (Ted Levine). Clarice visita al Dr. Hannibal Lecter (Anthony Hopkins), un psicoanalista y asesino encerrado en una prisión de alta seguridad, con el fin de que le ayude a comprender los patrones de conducta que emplea Bill. El suspense se propaga a lo largo de la cinta como una neblina con toques de terror, pues la sola idea de contar con un psiquiatra caníbal resulta suficientemente inquietante por sí misma. Anthony Hopkins se llevó un Óscar, pero es que también destacó la inteligencia de su guión y el uso de los primeros planos en la dirección, que exprimían la angustia de los espectadores con un resultado escalofriante, como el criterio de la Academia, que dejó a *Seven* sin estatuilla pese a que Brad Pitt, Morgan Freeman y Kevin Spacey están estelares en la película de David Fincher. Ambos films supusieron el arranque de una fiebre por las películas sobre psicópatas metódicos y pseudo intelectuales, lo que claramente explica nuestra estupenda salud mental.

Pero para intelectual, Francis Ford Coppola y su *Bram Stoker's Dracula* (*Drácula,*

Brad Pitt y Tom Cruise como vampiros dandi, dan significado a la palabra «pomposo».

de Bram Stoker, 1992). Muchos de los que fuimos a verla al cine terminamos confundidos, ¿acabábamos de ver una película de terror, o una romántica? En el año 1890, Jonathan Harker (Keanu Reeves), un joven abogado, viaja a Transilvania para conocer al conde Drácula (Gary Oldman). Pero el conde solo muestra interés cuando ve una fotografía de Mina Murray (Winona Ryder), la novia de Harker, quien le recuerda a su amor perdido de 1462 –a quien no ha tenido tiempo de olvidar en cuatrocientos años...–. Así, decide engañar a Harker y viaja a Londres para seducirla. *Drácula* fue un éxito que devolvió a Coppola parte de su crédito perdido por producciones anteriores, aunque la interpretación de Reeves salió peor parada. Por suerte para él, lo más memorable sería la túnica roja del conde y ese doble moño sobre su cabeza, a los que incluso *Los Simpson* rindieron homenaje. De una forma similar se mezclaron estos géneros en *Interview with the Vampire* (*Entrevista con el vampiro*, 1994), donde el vampiro Louis de Pointe (Brad Pitt) cuenta la historia de amor y terror detrás de su eterna existencia vampírica, desde que a finales del siglo XVIII le mordiera el vampiro Lestat (Tom Cruise). Antonio Banderas también aparecería por allí, viviendo el sueño americano en su versión «chupasangre».

Del mismo modo, hubo otras películas que jugaron a distintos géneros con elementos monstruosos que las adornaran. En otro caso de desconfianza crónica como con los payasos, *Gremlins 2* (1990) nos mostró lo espeluznante que podía ser un tiernísimo Gizmo, además del tontorrón sentido del humor de los

Gremlins. Aunque para inquietantes, los dinosaurios de *Jurassic Park* (*Parque Jurásico*, 1993), película con la que Steven Spielberg casi origina, al más puro estilo «baby boom», un «paleontólogos boom». El millonario John Hammond (Richard Attenborough) consigue clonar a los dinosaurios gracias a un mosquito fosilizado en ámbar, con el fin de crear un parque temático. Antes de la inauguración invita a científicos y a sus nietos para comprobar la viabilidad del proyecto. Por supuesto, todo sale mal y los dinosaurios resultan ser seres de complicada negociación, como aprendería el avaro Dennis Nedry (Wayne Knight) al recibir el escupitajo mortal de un Dilophosaurus que parecía mucho más simpático y juguetón de lo que en realidad resultó ser.

El amor (con)mueve montañas

Es Gandalf quien dice «no diré no lloréis, pues no todas las lágrimas son amargas». Pues en los noventa probamos su sabor a base de bien con algunas historias dramáticas que nos dejaron el ánimo por tierra. Una de ellas arranca con Sam Wheat (Patrick Swayze) y Molly Jensen (Demi Moore), paseando de camino a su apartamento de Nueva York, cuando un ladrón les asalta armado con una pistola. Sam se hace el héroe y la pistola se dispara tras un forcejeo. El ladrón sale corriendo y Sam le persigue, pero al perderle de vista regresa junto a Molly para descubrir que el disparo le ha impactado en el corazón; ahora es un fantasma que

decide obviar la invitación al cielo para proteger a Molly y atrapar a su verdadero asesino. Este es el inicio de *Ghost* (1990), una película que gusta a nuestro pesar, y que supuso el regreso de Swayze al género pastelón tras la exitosa *Dirty Dancing* (1987). Pero no todo es romanticismo, pues el film mezcla una trama de traición cercana al thriller, con el drama de la pareja que ya no puede seguir junta, y un fuerte gancho de comedia a través de la vidente Whoopi Goldberg. Y es que antes de *Sister Act* (*Una monja de cuidado*, 1992), Whoopi se convirtió en lo mejor de una película que hacía esculturas de barro al ritmo de «Unchained Melody», el clásico de The Righteous Brothers. *Ghost* coincidió en el mismo año de estreno que *Pretty Woman* (1990), donde conoci-

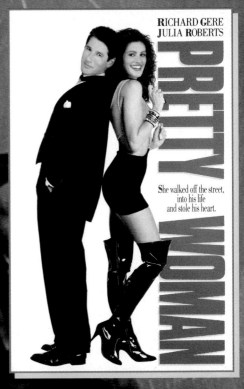

mos una versión más amable de Tim Curry, y a la que superó en taquilla pese al carisma de Julia Roberts y al de su caballero Richard Gere.

Mucho más dramática, romántica, y también divertida –en realidad, más de todo– resultó *Forrest Gump* (1994), el drama por excelencia de los noventa. Encumbrado con *Philadelphia* (1993), Tom Hanks se convierte en Forrest, un joven con una leve discapacidad intelectual que, gracias a su bondad y perseverancia, toma parte de acontecimientos históricos de los años cincuenta, sesenta y setenta. Sin embargo, nada logra sacarle de la cabeza a Jenny (Robin Wright), su amor de infancia, y cuyas historias se entrecruzan en varios puntos de la narración. La película fue tan exitosa como la publicación de la banda sonora original plagada de canciones de la época. Por ponerle un «pero» o dos: el latente patriotismo y la impecable factura de producto de Hollywood creado para triunfar. Con todo, Zemeckis cosechó otro éxito a costa de nuestras lágrimas y del corazón de Forrest, de su demoledor sentido común, y de sus sencillos valores. Los que conocimos al chaval de «mi mamá dice que tonto es el que hace tonterías», nunca olvidaremos cómo enseñó a bailar a Elvis, cómo

Braveheart tiene importantes gazapos producto del descuido o las prisas. En algunas escenas se colaron elementos de otro tiempo, como un coche blanco detrás de un escuadrón de caballería, o un hombre vestido con gorra y chupa negra, siguiendo una conversación entre Wallace y otro personaje. Estos detalles restan importancia a imprecisiones históricas, como que lo de pintarse la cara con franjas azules era una costumbre propia de los Pictos, quienes habitaron Escocia durante la invasión romana. Donde sí acertó Mel Gibson, fue convocando a los hombres de dos pueblos enfrentados como extras en la batalla final; se propiciaron golpes tan realistas, que varios tuvieron que recibir asistencia médica después del rodaje.

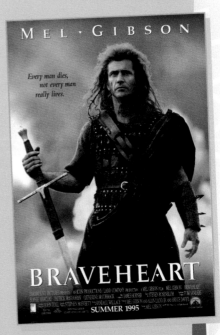

entrevistó a John Lennon, y por supuesto cómo le enseñó el culo al presidente de los EE.UU. Ni siquiera cómo después de pasarse tres años corriendo, se dio la vuelta y regresó a casa. Definitivamente, ver *Forrest Gump* nos cambió la vida, como nuestra percepción de algo tan simple como una caja de bombones; «nunca sabes lo que te va a tocar».

Otra historia de amor, pero bastante más épica, es la que Mel Gibson nos contó con *Braveheart* (1995), un influjo de valores que marcaron nuestra personalidad. A principios del siglo XIV, William Wallace regresa a su Escocia natal después de muchos años de ausencia. Allí se enamora de su amiga de infancia, Murron (Catherine McCormack), con quien se casa en secreto. Pero los soldados ingleses no entienden a razones, y tras una violación frustrada por Wallace, la capturan y ejecutan públicamente. William se venga del regimiento y el rey Eduardo I de Inglaterra ordena a su hijo detenerle sin prever las dimensiones que adquirirían la leyenda de Wallace y su rebelión. La película arrasó en taquilla y galas de premios, aun a costa de convertirse en un producto de entretenimiento más que de fidedigna historia. Por ejemplo, el emotivo discurso previo a la Batalla de Stirling

Titanic, única película donde hacía más frío en la pantalla que en el cine.

Bridge está inspirado en *Enrique V* de Shakespeare más que en los propios acontecimientos. En cualquier caso, el film nos brindó la oportunidad de adquirirlo como referente para convertirnos en hombres de honor a su imagen y semejanza. Bueno, de imagen más bien poco, puesto que nunca llevamos falda ni nos pintamos la cara; algo que probablemente tampoco hizo Wallace.

Pero la película que partió la pana –y el casco de un transatlántico– fue *Titanic* (1997). Jack (Leonardo DiCaprio) es un vivaracho artista que gana en una timba un pasaje para viajar a América. Lo hace en el Titanic, el transatlántico más grande y seguro que se ha construido jamás. Allí conoce a Rose (Kate Winslet), una chica de buena familia a la que le espera un infeliz matrimonio de conveniencia. Jack y Rose se enamoran, pero tanto su madre como su prometido, se oponen a la relación. Paralelamente a esta trama de amor, la historia sigue su curso y el transatlántico avanza contra un inmenso iceberg en lo más profundo de la noche. Ver la película en el cine por primera vez supuso una impresionante experiencia: tres horas de entretenimiento, imágenes reales del barco hundido, dos líneas temporales, y los mejores efectos especiales del momento. Aunque sabíamos de antemano cómo terminaba la película, la escena del hundimiento nos mantuvo en vilo. El de DiCaprio también.

Películas para una prematura mayoría de edad I

Cada generación tiene una serie serie de películas que la empujó a crecer; son films hipnóticos tanto por su estética y ambientación, como por sus guiones redondos y mejor dirección, que las convierten en películas de culto de forma instantánea por derecho propio. Una de las nuestras fue *The Crow* (*El cuervo*, 1994), que arranca con la desgracia del músico de rock Eric Draven (Brandon Lee). Eric muere arrojado por la ventana de su apartamento tratando de defender a su novia, Shelly Webster (Sofia Shinas), quien muere en el hospital tras ser violada por la banda de Top Dollar (Michael Wincott). Un año después, Eric regresa del mundo de los muertos con el fin de vengarse, y para ello cuenta con la ayuda de un cuervo, su enlace entre el mundo de los vivos y los muertos. El cuervo le otorga extrañas habilidades: una visión extra aguda, fuerza sobrehumana y la inmortalidad propia de quien no tiene nada que perder porque ya lo ha perdido todo. Dirigida por Alex Proyas, *El cuervo* creó gran expectación antes de su estreno a causa de la muerte de su protagonista durante el rodaje. Rodando la escena en que el villano Funboy (Michael Massee) dispara a Eric, Brandon Lee recibió el impacto de una bala real en el abdomen. El equipo barajó la opción de cancelar el proyecto, pero finalmente se optó por recurrir a un doble y así dedicar la película en homenaje a Brandon y Eliza, su prometida, con quien iba a casarse diecisiete días después. El suceso nos conmocionó y convirtió en incondicionales de la película incluso antes de su estreno; el shock generacional más famoso, superado solo un año después por la muerte de Kurt Cobain.

Menos trágica resultó *Clerks* (1994), ópera prima de Kevin Smith, director, guionista y actor en el papel de Bob el silencioso. Con un aire similar a *Wayne's World* (*El mundo de Wayne*, 1992), *Clerks* nos presenta a Dante Hicks (Brian O'Halloran) y Randal Graves (Jeff Anderson), dependientes de un supermercado y un videoclub que, puerta con puerta, pasan el día atendiendo a excéntricos personajes; amores y cavilaciones con diálogos rápidos que salen disparados en clave de humor. Smith logró conectar con jóvenes de todo el planeta subrayando que «solo porque te atiendan no significa que les gustes», referido a dependientes de todo tipo de trabajo precoz. Espontánea, explícita, incorrecta, y sobre todo barata, *Clerks* contó con un presupuesto de veintisiete mil dólares para el que Smith vendió parte de su colección de cómics y se fulminó varias tarjetas de crédito con un límite de dos mil dólares cada una. También invirtió sus ahorros para la universidad y la compensación económica que el actor Jason Mewes –Jay en la película– recibió del seguro de su automóvil al perderlo en una inundación. Lo más costoso fueron los derechos de las canciones para la banda sonora, pero el esfuerzo valió la pena pues el film recaudó más de tres millones de dólares solo en EE.UU. En blanco y negro y con un ritmo trepidante, Smith demostró

que no hacía falta más que un buen guión para conquistar al público, e hizo que nos sintiéramos reconfortados con nuestros primeros empleos.

Quentin Tarantino también inició su carrera con una obra de bajo presupuesto como *Reservoir Dogs* (1992), pero fue con *Pulp Fiction* (1994) que confirmó su talento. Jules y Vincent (Samuel L. Jackson y John Travolta) son dos asesinos que trabajan para un famoso y peligroso gánster. Vincent tiene la misión de cuidar de Mia (Uma Thurman), la esposa del gánster, cuando Jules le recomienda prudencia: tomarse demasiadas confianzas con la esposa del jefe puede no ser una buena idea. Pero antes, tienen que recuperar un maletín robado. Acción, comedia y diálogos delirantes forman una película violenta, feroz, cruda, que da una vuelta de tuerca a la habitual estructura clásica. La película conjuga elementos potentes más que suficientes para pasar a formar parte de los manuales de cultura pop: escenas icónicas de baile entre mesas que son coches clásicos, una estética cuidada al milímetro y perfectamente coherente, y otra banda sonora memorable que generó millones de dólares por sí sola. *Pulp Fiction* supuso una de las mayores sacudidas culturales durante los noventa; no había quien no hablara de ella, quien no imitara el movimiento de baile de Travolta y Thurman, ni emisora de radio que no pinchara el tema principal «Misirlou», que es en realidad una popular canción tradicional griega.

Absolutamente todo de *El cuervo* la convirtió en una inmediata obra de culto, además de en la predilecta película grunge: el fatídico desenlace de su rodaje, pero también la banda sonora original, que hizo de «Burn», de The Cure, un himno generacional. Y es que la música estaba estrechamente relacionada con el argumento, hasta el punto que Brandon Lee pasó muchas horas estudiando el instrumento minuciosamente para hacer su papel de estrella de rock más realista. Tras su muerte, lejos de ser destruida –como ocurre en la película–, su prometida Eliza regaló la guitarra original que Brandon utilizó para practicar a su profesora de música.

Pero la película que más nos cautivó y abrió los ojos, mostrándonos una realidad muy distinta a la que conocíamos, fue *Trainspotting* (1996). Desde la carrera inicial de Mark Renton (Ewan McGregor), huyendo de la policía a toda velocidad por Princess Street junto a su amigo Spud (Ewen Bremner), arranca una verborrea existencial en forma de monólogo donde se declara que hay dos tipos de personas: las que eligen una vida, y las que prefieren vivirla como un heroinómano. No es de extrañar entonces que nuestros protagonistas se pasen buena parte del metraje consumiendo heroína, hasta que Renton decide abandonarla; y ya de paso, «elegirse una vida». Así arranca la genial película británica dirigida por Danny Boyle, que además nos mostraba por primera vez una Edimburgo de bajos fondos. Diálogos, ritmo, interpretaciones... todo brilla en esta majestuosa obra independiente para convertirla en un clásico inmediato, tan escabroso, brutal y repugnante, como seductor y convincente. Ah, y casualidad o no, esta también tuvo una excelente banda sonora que vendió millones de copias. *Trainspotting* hizo que deseáramos –al menos en parte– parecernos a Mark Renton por un periodo de tiempo, como si no tener aspiración alguna en la vida fuera algo atractivo. Tal vez sea el único caso en que la película supera al libro de Irvine Welsh.

Películas para una prematura mayoría de edad II

Si decidimos convertirnos en un «bala perdida», tuvimos más de donde escoger al margen de Mark Renton. *The Big Lebowski* (*El gran Lebowski*, 1998) es una comedia escrita y dirigida por los hermanos Coen. En ella, Jeff Lebowski (Jeff Bridges), también conocido como «el Nota» en la versión española, se pasea con gafas de sol por los supermercados vestido con un batín; es un vago en toda regla que consume los días como la marihuana y los cócteles de White Russian. Junto a sus amigos Walter (John Goodman), un veterano de la Guerra del Vietnam, y Donny (Steve Buscemi), un hombre débil y vulnerable, compite en campeonatos locales de *bowling*. Pero un día, unos asaltantes entran en su casa y orinan en su alfombra, confundiéndole por un millonario con su mismo nombre. Lebowski se presenta en casa de su tocayo en busca de una alfombra nueva como compensación, pero finalmente será el opulento hombre en silla de ruedas quien le pedirá ayuda a él cuando secuestran a su esposa. A partir de aquí, todo sale mal en esta historia en la que la trama del secuestro no tiene más importancia que ver cómo se desenvuelve El Nota con sus amigos. Con el paso de los años, *El gran Lebowski* se convirtió en una película de culto por sus peculiares personajes y oníricas escenas surrealistas relacionadas con las mujeres, sus faldas, y por supuesto, siempre los bolos. Para muchos de la Generación Game Boy, esta fue la puerta de entrada al universo de los Coen, quienes rápidamente se convertirían en nuestros preferidos. Prueba de ello, el Lebowski Fest que viene organizándose cada año desde 2002, y que incluye disfraces, música, pases de películas y –como no podía ser de otra forma– partidas de bolos.

En el siguiente lugar de «bala perdidas», encontramos a Daniel (Edward Furlong), un quinceañero neonazi de instituto que admira más que a nadie en el mundo a su hermano Derek (Edward Norton). Cuando Daniel presenta un ensayo sobre *Mein Kampf*, la dirección del instituto le obliga a redactar un trabajo sobre su hermano, un reputado miembro de los neonazis de Los Angeles encerrado en prisión por haber matado a un afroamericano. Pero cuando Derek sale de la cárcel, su repentino cambio de actitud y de aspecto deja a todo el mundo descolocado; reformado, Derek tendrá que convencer a su hermano de que estuvo muchos años equivocado, y a su vieja panda de neonazis, de que lo dejen en paz. *American History X* (1998) fue una película que nos pilló precisamente en el instituto y que fácilmente se visionaba en unas aulas donde las ideologías iban tan revolucionadas como las hormonas. En la línea de otras como *La vita è bella* (*La vida es bella*, 1997), el film sirvió para generar debate y reflexión. Aunque el argumento no fuera muy original, la imagen de Edward Norton en el papel de neonazi, con la cabeza rapada y una esvástica tatuada en el pecho, tiene tanta fuerza como pocas en el mundo del audiovisual. Sin ser cine propiamente bélico, mantiene candente una temática tan sobada como necesaria de no olvidar. Demoledora.

Un año después, Edward Norton se puso en manos del director David Fincher para protagonizar, junto a Brad Pitt, *Fight Club* (*El club de la lucha*, 1999). Edward interpreta el papel de un vendedor de coches anónimo que sufre insomnio, hasta que descubre que acudir a terapias de grupo aleatorias le ayuda a dormir a pierna suelta. Es entonces cuando conoce a Marla (Helena Bonham Carter), con quien tendrá que repartirse las reuniones para que no descubran su farsa. Todo marcha cuando en un viaje de negocios conoce a Tyler Durden (Brad Pitt), un vendedor de jabón con quien entabla una amistad que no les impide descargar sus frustraciones enfrascándose en una pelea que atrae a curiosos, los que terminarán formando el club de la lucha original. Precisamente, de frustrados, desilusionados y nihilistas, trata este film adaptado de la obra de Chuck Palahniuk, cuyo guión nos cautivó al tiempo que horrorizó a la crítica, que la tachó de gratuitamente violenta. Y es que Fincher se propuso que la violencia sirviera de metáfora del conflicto entre los desencantados jóvenes de los noventa y el sistema de valores que había propagado la publicidad durante décadas. Además, optó por matices «homo-eróticos» para provocar e incomodar, distrayendo al espectador del giro final. El film contó con dos imágenes icónicas que resultaron clave: la primera, la ciudad derrumbándose al ritmo de «Where is my mind?», de The Pixies; y la segunda, un pastilla de jabón color de rosa. La película cuajó tanto con la juventud de la época, que la policía de los EE.UU. registró la apertura de varios clubes de la lucha, siendo el más controvertido en una guardería de Nueva Jersey. Bromas aparte, allí se repartían hostias como chupetes.

Pero la película que marcó el fin del milenio, anticipando el Efecto 2000, fue *Matrix* (1999). Thomas Anderson (Keanu Reeves) es un programador que fuera del trabajo hace las funciones de *hacker* bajo el seudónimo de Neo. Un día, alguien misterioso contacta con él a través del ordenador, y Neo sigue al conejito. Es entonces que conoce a Morfeo (Laurence Fishburne), quien cree que él es «el Elegido», el responsable de acabar con las máquinas que dominan a los

en el que la Inteligencia Artificial ha subyugado a la humanidad, manteniéndola adormecida en una existencia mundana dentro de un mundo virtual a finales del s. XX. Solo quedan unos pocos rebeldes que perseveran en la guerra contra las máquinas para salvar a la humanidad, los mismos que hacen incursiones dentro del sistema para salvar a Neo. Pero el agente Smith (Hugo Weaving) y sus múltiples clones, bajo la apariencia de agentes del F.B.I., no piensan ponérselo fácil. Esta cinta recicló la premisa de la genial *Dark City* (1998) y revolucionó la estética del cine con unos efectos especiales nunca vistos hasta el momento. Fue un éxito global que convirtió a Keanu Reeves en el hombre del momento, gracias a un guión que se nutría de nuestros cuadernos de filosofía del instituto: si pudiéramos salir de este mundo irreal para vivir en un mundo real, pero más desagradable e incierto, ¿lo haríamos? Este es el conflicto que plantea tanto *Matrix* como el mito de la caverna de Platón, así como el eterno dilema que enfrenta al avance tecnológico con el deterioro de la humanidad. Aunque hoy ha sido ampliamente superada en casi todos los aspectos, en su día hizo que los adolescentes de la Generación Game Boy acudiéramos en masa al cine para enamorarnos de Trinity (Carrie-Anne Moss), antes de regresar a casa canturreando «Wake Up» de Rage Against the Machine, inconscientes de que acabábamos

CAPÍTULO 2

LA MÚSICA ANTES DE iTUNES...

A los que jugamos a la Game Boy, no nos tiembla el pulso al afirmar que, ya fuera con la radio, el walkman, el discman e incluso el minidisc, todo ello antes de que existiera el mp3, disfrutamos de la tercera edad de oro de la música. Entendemos la primera como los años veinte y treinta, cuando el jazz extendió su dominio en los EE.UU. Reconocemos la segunda a los años sesenta y setenta, cuando artistas salidos principalmente del Reino Unido pusieron patas arriba todo convencionalismo sobre un escenario, dando una vuelta de tuerca al rock en cuanto a sonido, pero también a actitud; rompiendo instrumentos, prendiéndoles fuego, y expandiendo sus mentes y horizontes con formas y habilidades nunca vistas hasta entonces. Y es entonces cuando sacamos pecho para defender que los noventa, nuestros años, tuvieron iconos a la altura de los anteriores que, si no superaron, actualizaron lo visto hasta la fecha con éxitos triunfales y sonadas despedidas.

Canciones de nuestros padres, hermanos, primos...

A falta de criterio, iniciativa, voluntad o fuerza para cambiar el dial de la radio siendo un bebé, las primeras decisiones sobre qué música escuchar las

tomaron nuestros mayores, ya fueran padres, hermanos, primos o tíos. Y probablemente, una de las bandas con las que nos iniciamos fueron los Dire Straits, la banda de moda desde que publicara «Sultans of Swing». En 1985 lanzaron *Brothers in Arms,* el álbum azul con la guitarra resonadora en la portada y su disco más orientado al género pop. El grupo de Mark Knopfler arranca con la voz de Sting en «Money for Nothing», un riff de guitarra inolvidable desde el primer momento. También está «So Far Away», con una melodía tan pegadiza como cristalino es el sonido de la Fender Stratocaster. *Brothers in Arms* fue el álbum más vendido en el Reino Unido durante el año de su lanzamiento, y el primero en grabarse íntegramente de modo digital, por tanto, responsable directo de la popularización del Compact Disc. Además, tuvo una gran incidencia en la cadena más representativa de los noventa, puesto que «Money For Nothing» fue la canción elegida por la MTV para arrancar la emisión de su canal europeo en 1987, el mismo año en que inició su carrera una banda norteamericana de Los Angeles, entre los que se encontraría uno de nuestros primeros ídolos potenciales: los Guns N' Roses publicaron *Appetite for Destruction* en julio, mucho antes de que sus seguidores supieran que debían decantarse por Axl Rose o Slash –en nuestro caso, rotundamente por Slash–. *Appetite* actualizó el hard-rock para acercarlo a las masas, convirtiéndolo en uno de los álbumes más vendidos de la historia pese a que la portada original fue rápidamente censurada. El álbum es un imprescindible para todo amante de la música, donde la mitad de las canciones fun-

cionaron como sencillos, siendo «Welcome to the
Jungle», «Sweet Child O' Mine» y «Paradise City»
sus más reconocidas. En la época y durante los
primeros años de los noventa, fue casi obliga-
torio tener un póster del grupo en la habitación
–en nuestro caso, exclusivamente de Slash–. Y es
que Slash fue un referente para todo aspirante a
guitarrista a lo largo de los noventa, y la Les Paul, la
guitarra a comprar, aunque fuera en su versión más
económica.

Menos carismáticos resultaban U2, al menos cuando se convirtieron en superestrellas internacionales gracias a *The Joshua Tree*
(1987). «With or Without You» y «I Still Haven't
Found What I'm Looking For» no dejaron de sonar por
la radio hasta convertirse en canciones intergeneracionales
para solteros y enamorados. *The Joshua Tree* es un álbum de oscura sonoridad
que lo diferencia de los anteriores, como si Bono y The Edge, los miembros
más influyentes del grupo, no atravesaran un buen momento por aquel entonces. Intimidades aparte, sería extraño ser niño y sentir interés por este grupo
sin una influencia familiar directa. Al menos, la fotografía y el título del álbum
sirvieron para que, con los años, reconociéramos el Joshua Tree National Park,
lugar donde en 1993, los músicos Fred Drake y Dave Catching abrieron el estudio de grabación donde se gestaron algunos de los mejores álbumes de los
noventa, El Rancho de la Luna.

Pero si hubo un álbum que no se parecía en –casi– nada a lo que se estaba haciendo en 1988, ese fue *Surfer Rosa* de los Pixies. Aunque no fue precisamente popular en su época, que artistas posteriores como Nirvana los reconocieran como un referente, ayudó a que los Pixies se convirtieran en una de las principales bandas de rock alternativo cuyo sonido parece más moderno a su época. Un icono del underground como Steve Albini se puso en la cabina de mando para que Black Francis y los suyos popularizaran estas canciones pop disfrazadas de rock, con cambios de dinámica que pasaban de volúmenes flojos en la estrofa, a altos en el estribillo. *Surfer Rosa* enamoraría a cualquiera que se prestara a escuchar, años después, «Gigantic», o la generacional «Where Is My Mind?», como lo haría su posterior *Doolittle* en 1989. Dos piezas anticipadas a su tiempo que resultaron clave para la historia que estaba por venir. Un caso distinto fue el de Depeche Mode y su álbum *Violator*. Canción por canción, podría ser el mejor álbum de su carrera que, en lugar de avanzarse a lo que vendría en los noventa, puso el broche de oro a sus discos de los ochenta, y a ese sonido tan marcado por el sintetizador. *Violator* se publicó en 1990 para

hacer historia desde «Personal Jesus», otro himno intergeneracional que todavía hoy no puede faltar en un concierto de los de Essex. Le seguiría «Enjoy the Silence», que fue concebida como una balada para acabar en el álbum con un medio tempo acelerado que le permitiría pisar las pistas de baile. Depeche Mode estrenó con este disco una nueva forma de trabajar en grupo, sentando las bases de su proceso de composición venidero. *Violator* fue un álbum al que difícilmente llegaríamos si no era por la influencia de un ser mayor que nosotros, pero que sin duda se convertiría en un clásico en nuestro tocadiscos con el tiempo; el que los consolidó como superestrellas del pop.

Y aunque superestrellas del pop hay varias, rey del pop solo hay uno. Michael Jackson publicó *Dangerous* en 1991, un álbum con una portada cautivadora que recordaba a la decoración de un carrusel, y que dio sentido a aquella cinta de casete que corría por casa de *Bad* (1987). Para muchos, *Dangerous* fue la puerta de entrada a un hombre del que se debatía su color de piel, mientras él dejaba claro en «Black or White» y su espectacular videoclip de rostros

cambiantes, que aquel debate le importaba más bien poco. Por si acaso, incluía también la balada «Heal the World» que reforzaba el sentido humanista, en favor de la empatía por encima de razas y etnias, y que más de uno cantaríamos en clase de inglés en el colegio. Pretensioso y largo para aprovechar las teóricas virtudes del CD, el álbum topó con el año del grunge, pero sedujo a muchos niños que, con este, y el videojuego *Moonwalker* para Mega Drive, tratamos de imitar los movimientos del rey del pop.

Recuperando el binomio Axl Rose y Slash, mucho más amables se mostraban Bon Jovi y Richie Sambora, voz y guitarra de la banda que en 1992 publicó *Keep the Faith*. El álbum fue un cambio de imagen y sonido para el grupo, que dejaba atrás definitivamente su sonido y aspecto cercano al glam metal para consolidarse como una banda de rock con épicas baladas. Aunque el disco no se vendió tan bien como los anteriores, evidenció la influencia de Bruce Springsteen sobre el grupo, y fue motivo más que suficiente para que nuestros padres nos regalaran la primera camiseta de nuestro armario dedicada a un grupo

de música. Solo tres años después, el grupo publicaría *These Days* (1995) antes de tomarse un respiro de cuatro años, algo que entonces, y a nuestra edad, parecía una eternidad. Por suerte, nos quedaría el número especial de la revista *Heavy-Rock* dedicado a todo lo que había que saber de los de New Jersey.

Del metal al (breve) reinado del grunge

1991 fue un gran año para los amantes de la música con guitarras contundentes, en el que se publicaron álbumes que cambiarían el rumbo de la industria y pasarían a formar parte de la historia. Varios de estos álbumes serían de bandas ni mucho menos consagradas hasta entonces, pero este no es el caso de *Metallica* (1991), también conocido como el *Black Album* de la banda de Los Angeles. Después de cuatro discos durante la década de los ochenta que reescribieron el trash-metal, su quinto y homónimo acercó el género a las masas incluyendo dos baladas, simplificando estructuras, ralentizando el tempo, y sonando tan contundentes como siempre. «Enter Sandman», «Sad but True» o «Nothing Else Matters» eran bombas cargadas para los oídos de todo el mundo, aunque fueron muchos los seguidores que acusaron al grupo de haberse vendido. La portada monocromática escondía la serpiente de la bandera de Gadsden en una esquina, un símbolo revolucionario de los EE.UU. que por poco no nos grabamos en la piel por lo mucho que nos supuso el álbum. Absolutamente todo de este disco es imprescindible, convirtiéndose en la cinta de casete que más idas y venidas dio en nuestro walkman, ya fuera en el metro o de camino al instituto, embutido en el bolsillo de la mochila.

Y de repente, el mundo reventó con la publicación del álbum del bebé sumergido en el agua a la pesca de un dólar. Aunque su título fuera «no importa», *Nevermind* (1991) sí nos importó, y mucho. Las expectativas de ventas eran más bien bajas para un grupo de Seattle cuyo anterior disco había pasado desapercibido. Pero «Smells Like Teen Spirit», aquella canción que sonaba a Pixies –según Kurt Cobain– y titulada así por una pintada en la pared de su amiga Kathleen Hannah (Bikini Kill), fue un éxito total. También ayudó la

MTV, que no dejó de pasar el videoclip en el que Cobain homenajeaba sus años trabajando como bedel en el instituto, sirviendo a los que habían sido sus compañeros de clase que entonces se reían de él. Nirvana logró con *Nevermind* lanzar un disco para todos los públicos con canciones rabiosas como Black Sabbath, que sonaban amigables como los Beatles. Lejos de ser la primera banda grunge, fueron nuestra puerta de entrada al género y la de todo el planeta, antes de reescribir el estándar de los acústicos de la MTV con su *Unplugged* (1994). Cobain y los suyos nunca pretendieron cambiar el mundo, pero suya fue la música que dictó el sonido de los noventa. Desde entonces, la mayoría de los que jugamos a la Game Boy nos paseamos por el instituto con pelo largo, tejanos rotos y camisas de cuadros.

Nirvana permitió que muchas bandas que venían practicando el género unos años atrás se dieran a conocer. Una de estas fue Soundgarden, cuyos primeros álbumes pasaron inadvertidos entre la vorágine del grunge hasta *Badmotorfinger* (1991), técnico y ambicioso, y *Superunknown* (1994), cuando por fin se situaron donde merecían. Por comparación, estos sonaban más a Led Zeppelin que a Black Sabbath; su música era retorcida y cerebral, dura y contundente, pero también técnica, compleja y sensible. Algo similar le ocurrió a Alice in Chains, otra banda de Seattle cuya música nos pasó de largo

El grunge devolvió el foco de los medios sobre la gente joven como solo lo habían logrado los hippies y los punks. Pero su desenlace no fue mucho mejor, pues lo que se creó desde una explosión, terminó como una implosión: Kurt Cobain fue hallado en el salón de su casa con un disparo autoinfringido en la cabeza; Chris Cornell fue encontrado ahorcado en el baño de su habitación de hotel; a Layne Staley se le encontró muerto en su apartamento por una sobredosis, y a Scott Weiland, en la cama de su autobús de gira, junto a restos de cocaína,

marihuana, ansiolíticos, sedantes y Viagra. En tiempos en los que Billy Corgan parece vivir en la luna junto a Méliès, Eddie Vedder y su banda se confirman, gira tras gira, como los más listos de la clase.

hasta *Dirt* (1992), el alegato de un heroinómano; fueron la versión más pesada del grunge, aun derrochando personalidad. Ambos grupos compartieron con Nirvana la imagen de un cantante joven, frágil, desvalido y adicto, con problemas emocionales, que no podía evitar convertirse en ídolo pese a lo poco que le importaba.

Pero no solo de Seattle vivió el grunge, pues en Chicago encontramos a The Smashing Pumpkins, una banda tan inspirada en los Pixies que, sobre el papel, parecía un calco de sus integrantes. Después de su prometedor debut, *Siamese Dream* (1993) fue uno de los mejores álbumes de la década, con himnos generacionales como «Today», la canción que Audi copiaría para su campaña «grandes cosas han salido de un garaje». En el videoclip, Billy Corgan –todavía con pelo– conducía un camión de los helados por carreteras secundarias entre parejas dándose el lote. Durante los noventa se le reprochó ser un «copycat» de Cobain, y él trató de desmarcarse con *Mellon Collie and the Infinite Sadness* (1995), donde para el videoclip de «Tonight, Tonight» se inspiró en *Viaje a la luna* de Georges Méliès. La estética del grupo fue oscureciendo hasta acercarse al estilo gótico y flirtear con la electrónica en *Adore* (1998), lo que completa

Billy Corgan saboreando su cuero cabelludo antes de perderlo (y la cabeza también).

el excelente repertorio que la banda publicó en los noventa. Menos fortuna tuvieron Stone Temple Pilots, la banda de San Diego que lanzó *Core* (1992); un álbum imprescindible para completar una panorámica del grunge al que le pesó no haber salido de Seattle. Pero Stone Temple Pilots jamás copiaron a bandas como Alice in Chains, simplemente tenían sus mismas influencias. Y por tener, también tenían a Scott Weiland, que junto a Chris Cornell de Soundgarden, fueron dos de los mejores cantantes de rock alternativo que dio la década.

Si *Nevermind* fue el álbum por el que el grunge entró en millones de casas, *Ten* (1991) de Pearl Jam, fue el que le dio una copia de la llave. Para los que consideraron que Nirvana, Alice in Chains o Soundgarden eran demasiado desafiantes, Pearl Jam se convertiría en su banda de acceso al género; también para las emisoras de radio, acostumbradas a voces más amables y melodías poperas. Eddie Vedder tomó el rol de cantante comprometido al estilo Bono, pero en el grunge, y aunque en un inicio se les acusó de oportunistas por subirse al tren del éxito, en realidad *Ten* se publicó un mes antes que *Nevermind*. Casi treinta años después, puede que su debut siga siendo el mejor álbum de su carrera; pero al menos, Pearl Jam hicieron «carrera».

Funk, punk y rock alternativo

Aunque parezca mentira, en los noventa ocurrieron cosas más allá del grunge. Una de las más notorias, se llevó a cabo en Los Angeles. Cuatro desvergonzados recorrían los clubes nocturnos con nada más que un calcetín en sus partes, repartiendo descargas de funk y hip-hop con actitud punk. Red Hot Chili Peppers publicaron *Blood Sugar Sex Magik* (1991), con dos de las canciones más sonadas de la década: «Give It Away» y «Under the Bridge»; la primera, una canción explícitamente sexual con un transgresor videoclip; la segunda, una hermosa balada sobre los sentimientos de un heroinómano. Este ejercicio de buen rollo por doquier, producido por el hombre de moda Rick Rubin, fue responsable de que dos géneros de música negra como el funk y el hip-hop conectaran con multitud de jóvenes blanquitos. El éxito del álbum fue tal, que el guitarrista John Frusciante se vio abrumado y decidió dejar el grupo antes de terminar la gira. *Blood Sugar Sex Magik* es un álbum irrepetible, uno de los que nos llevaríamos a una isla desierta junto a nuestra Game Boy.

Al año siguiente, en la misma línea, pero añadiendo el metal a la coctelera, debutaron Rage Against the Machine; canciones reivindicativas que sentaron sin saberlo las bases del nu-metal que estaría por venir. «Killing in the Name» pasó a dominar las pistas de baile alternativas, como el álbum se convirtió en un imprescindible en toda colección de discos de los noventa, aunque fuera solo por la portada con el monje budista auto-inmolándose a lo bonzo. La fotografía de Malcolm Brown tomada en Saigón en 1963 tiene tanta fuerza como cada una de las canciones del disco. Rápidamente, Rage Against the Machine se convirtió en uno de nuestros referentes musicales que no nos permitiría dejar de botar durante toda la década, muy a pesar de nuestras rodillas. Pero para muchos de los que vivimos nuestra juventud en los noventa, la palabra «funk» no se puede disasociar de la figura de Jamiroquai, y su mezcla de estilos entre funk, disco, house, soul, jazz y R&B. «Virtual Insanity» es tan famosa como sus sombreros, y sus tres primeros álbumes –*Emergency on Planet Earth* (1993), *The Return of the Space Cowboy* (1994) y *Travelling Without Moving* (1996), el álbum funk más vendido de la historia–, los responsables de que sea una de las tres bandas británicas que más discos vendió en la década de los noventa.

De la muerte de Cobain, se supo que había un disco de R.E.M. en su equipo de música, todavía encendido, que lo señaló como el último álbum que el cantante decidió escuchar antes de suicidarse. Michael Stipe, el líder de R.E.M., tenía una gran amistad con Cobain y trató de animarlo a trabajar en un proyecto musical conjunto. No lo logró, y tuvo que conformarse con dedicarle una canción en el álbum posterior a *Automatic for the People* (1992). *Automatic* fue el disco de la confirmación para muchos de los que conocimos al grupo con «Losing My Religion»; canciones sobre la pérdida, el desencanto y la muerte, en respuesta a unos medios que le daban por muerto, supuestamente enfermo de sida. Sin embargo, sigue entre el mundo de los vivos, como sus canciones permanecen sonando en la radio.

Michael Stipe y sus cavilaciones.

1994 fue otro gran año para los que disfrutábamos de la música, como consecuencia directa de lo ocurrido en 1991. Si *Nevermind* marcó el sonido de los noventa, *Dookie* (1994) de Green Day, crearía un séquito de imitadores para los años venideros. Ambos álbumes tuvieron un éxito inesperado, como un accidente imprevisto por su bajo presupuesto. Como Nirvana, Green Day jugaron a unir la música local –punk en este caso– con melodías pop, produciendo éxitos generacionales como «Basket Case» o «When I Come Around». Actitud juvenil detrás de una portada ilustrada con ganas de mandar la ciudad a tomar viento, fue una de las claves para su meteórico ascenso que todavía hoy los mantiene en activo. Pero este fue el único álbum capaz de enamorarnos. Y del área metropolitana de San Francisco, a la de Los Angeles para encontrarnos el otro plato fuerte del punk rock; *Smash* (1994) de Offspring fue otro triunfo imparable para una banda de circuito independiente. Cortes como «Come Out and Play» o «Self Esteem» nos hablaban sobre peleas en el instituto y chicas, temáticas con las que conectamos con facilidad. *Smash* nos obsesionó, nos disparó la adrenalina y aceleró el pulso; vestimos la camiseta y forramos la carpeta para proclamar que habíamos encontrado nuevo disco preferido, y no estábamos solos, puesto que sigue siendo el álbum más vendido de Epitaph Records. *Dookie* y *Smash* fueron un hito en la carrera de dos bandas que marcaron la pauta del punk rock, convirtiéndolo en uno de los géneros musicales predilectos de nuestra generación.

Después de que John Frusciante abandonara los Red Hot Chili Peppers, la banda californiana fichó a Dave Navarro, de Jane's Addiction. Frusciante se enganchó a la heroína hasta que Navarro, también con problemas de drogas, fue despedido. El grupo estuvo cerca de separarse, cuando el bajista Flea dijo que la única forma de continuar era recuperando a Frusciante. Este, ya desintoxicado, le agradeció el gesto con lágrimas en los ojos. Al año siguiente, el grupo lanzó *Californication* (1999), otro icónico álbum de los noventa. El videoclip de «Scar Tissue» muestra a los cuatro miembros magullados de travesía por el desierto como síntesis de este convulso periodo.

Otro fenómeno de la década fue Marilyn Manson que, de Ohio al mundo, se lanzó a la fama con *Antichrist Superstar* (1996). Habiéndose trabajado a conciencia una imagen de mala influencia entre los padres, hizo buena la frase de Oscar Wilde, «hay solamente una cosa en el mundo peor que hable de ti, y es que no hable de ti». De aspecto andrógeno, su metal industrial con letras satánicas parecía dispuesto a iniciar el apocalipsis. «The Beautiful People» se convirtió en una de las canciones bajo las que nos amparábamos para cuestionar toda autoridad, y la que marcó el fin definitivo del post-grunge para dar paso a los sonidos industriales de Marilyn Manson, pero también de Nine Inch Nails o Rammstein. Aunque el suflé bajara rápido, vivimos con estupefacción la persecución por parte de organizaciones religiosas que se creyeron por completo al personaje de Manson, acusándole de promover los rituales satánicos, bestialismo e incluso el suicidio entre sus seguidores, que éramos nosotros. En tal caso, parece que nos enteramos de la misa la mitad.

De regreso a California, el último fenómeno juvenil del milenio fue una banda que arrancó en 1992, dentro del circuito de skate punk y punk rock independiente, pero que alcanzó la gloria haciendo pop punk. Blink 182 lanzaron *Enema of the State* (1999) para devolver la irreverencia a las emisoras de radio. «All the Small Things» se mofaba de la música del momento: Backstreet Boys, NSYNC, Christina Aguilera o Britney Spears; no dejaban títere con cabeza. Por si esto fuera poco, el videoclip de «What's My Age Again?» nos los mostró corriendo por Los Angeles como su madre los trajo al mundo. Fue la época de los piercings en el labio o en la ceja, los pendientes de botón, los pantalones Dickies por debajo del trasero, los calcetines por las rodillas y las gorras planas. Por suerte, la Generación Game Boy tuvimos la suficiente personalidad como para mantenernos al margen de la moda, pues sabíamos que las gorras siempre se llevaban con la visera curva. Aunque algún piercing a lo mejor cayó...

Cuando Inglaterra nos (re)conquistó

Aunque las principales bandas de los sesenta y setenta vinieron del Reino Unido, su objetivo siempre fue ser grandes en América. Tuvo que aparecer el punk para demostrar que se podía ser británico y desacomplejado al mismo tiempo, pero aquello no duró mucho. A principios de los noventa, el grunge dominó el planeta y el Reino Unido vio cómo el mundo musical que había sido suyo, pasó a ser propiedad de los americanos. Pero aquello tampoco duró demasiado, y el suicidio de Cobain hizo tanto daño al género como el trágico desenlace de Sid y Nancy se lo hizo al punk. A mediados de los noventa, el grunge dejó de parecer «molón», y los británicos estaban preparados para tomar el relevo; y entonces se produjo la reconquista del Reino Unido gracias al britpop.

El primer nombre propio que a muchos nos viene a la cabeza al hablar de britpop es el de los hermanos Gallagher, Noel y Liam. Oasis lanzaron *What's the Story (Morning Glory)* (1995), un segundo álbum que superó en todo a su exitoso predecesor. Por supuesto, allí se encontraba «Wonderwall», canción responsable de que Oasis pasara de ser considerada una banda indie a fenómeno mundial. «Don't Look Back In Anger», «Some Might

Blur: talento al servicio de una música imaginativa y creativa.

Say», o «Champagne Supernova» son argumentos más que suficientes para llamar la atención, pero no contentos con esto, Liam y Noel se labraron una reputación de chicos malos a base de sonadas declaraciones en contra de su banda rival más importante. Oasis no eran muy buenos haciendo amigos, pero no lo necesitaron para ser junto a Jamiroquai, una de las tres bandas británicas que más discos vendió en la década de los noventa. Y es que, igual que en los sesenta los aficionados a la música parecían repartirse entre los Beatles y los Stones, durante los noventa la cosa estaba entre Oasis y Blur. A Blur, la popularidad les llegó con *Parklife* (1994), cuando se las ingeniaron para pisar las pistas de baile con «Girls & Boys», una canción inspirada por la isla de Mallorca. Blur se diferenciaron de Oasis dejando la puerta abierta a la experimentación. *The Great Escape* (1995) fue otro éxito donde «Country House» o «Charmless Man» se convirtieron en videoclips habituales de la MTV, hasta la publicación de *Blur* (1997); con «Song 2» convertida en canción principal del videojuego *Fifa '98*, ya no habría más que hablar. Aunque estuvo bien mientras duró, la comparación entre Blur y Oasis dejó de tener sentido.

Por suerte, a veces la música es como un campeonato de fútbol donde hay dos equipos favoritos pero siempre aparece un tercero dispuesto a convertirse en revelación. Radiohead evolucionó a marchas forzadas desde *Pablo Honey* (1993), con «Creep» como gran éxito que todavía bebía del grunge y la fórmula Pixies de cambios de intensidad. Para cuando lanzaron *Ok Computer* (1997), con «Karma Police» y «No Surprises» poniéndonos la piel de gallina, la banda de Thom Yorke se desmarcó del britpop por completo. Melancólicos, ambientales, indescriptibles, dejaron de lado las etiquetas para tratar la alienación social y el consumismo, al tiempo que se acercaron a la música electrónica para convertirse en una de las propuestas musicales más interesantes de los noventa pero también del nuevo milenio.

Sin embargo, el britpop no se acabó aquí, pues hubo otras bandas que tomaron partido con menor notoriedad. Suede fue una de ellas, que con *Coming Up* (1996), metieron «The Beautiful Ones» en todas las emisoras de radio; o Pulp, que con *Different Class* (1995) nos sorprendieron con «Common People» y «Disco 2000». Más roqueros –y divertidos– parecían Supergrass con «Pumping On Your Stereo»; pero una de nuestras bandas preferidas de esta segunda línea fueron la banda de Wigan, The Verve. *Urban Hymns* (1997) fue un mara-

villoso álbum que les valió para ser considerados el mejor grupo británico de 1998 con éxitos como «The Drugs Don't Work» y «Bitter Sweet Symphony», canción por la que los Rolling Stones les llevaron a los tribunales. The Verve trataron de hacer como en el videoclip, es decir reconocerles la autoría del bucle de fondo y seguir su camino, pero se separaron poco tiempo después.

Pero en los noventa se estaban cociendo otras cosas en el Reino Unido

que para entonces ya eran uno de los shows más destacados de pequeños clubes de música electrónica. *Exit Planet Dust* (1995), les abrió las fronteras con las sirenas de «Leave Home» y «Chemical Beats». A más pasaban los años, más se daban a conocer, hasta que tras la publicación de *Surrender* (1999), donde destacaba «Hey Boy Hey Girl», se posicionaron como uno de los mejores espectáculos en vivo, ahora en toda clase de grandes salas. Un año antes, el británico Fatboy Slim publicó *You've Come a Long Way* (1998), el disco

que lo lanzó al mundo gracias a una música electrónica más comercial y ligera que la de los Chemical Brothers, y a la inclusión de «Right Here, Right Now», que le sirvió para aparecer como sintonía de cabecera en *Fifa '99*.

No toda la música electrónica del Reino Unido venía sonando en clubes y discotecas, habiéndose creado un circuito de fiestas ilegales del que The Prodigy eran los reyes. Con pie y medio en el underground, *The Fat of the Land* (1997) fue el álbum con el que se dieron a conocer a nuestra generación, pero también a medio planeta. No estaba mal tratándose de una banda de música techno cuya mayor aspiración hasta entonces pasaba por su nariz, siempre y cuando la policía no les jodiera la fiesta. «Smack My Bitch Up» causó mucha controversia, pero es irreprochable que temas como «Firestarter» o «Breathe» fueron la semilla para un futuro séquito de amantes de la música techno con actitud punk a las puertas del nuevo milenio.

The chemical brothers

Las mujeres al mando

Aunque la atención mediática se la llevaban mayoritariamente grupos formados por hombres, hubo también –¡por supuesto!– bandas lideradas por mujeres que fueron referentes para la Generación Game Boy alrededor del planeta. Sin abandonar el britpop, una de las que pegó fuerte fue Elastica. *Elastica*
(1995) es el álbum debut que mejor funcionó en el Reino Unido después del
de Oasis, y el que colocó «2:1» en la banda sonora de *Trainspotting*. Pese a ser
considerados uno de los puntales del britpop, y una de las bandas más representativas de los noventa, publicaron un único disco durante la década, nada
que ver con el recorrido de los irlandeses The Cranberries, que obtuvieron la
mayoría de edad con *No Need to Argue* (1994). «Zombie» volatilizó toda expectativa hablando sobre los ataques bomba del IRA en Warrington, que se
saldaron con la muerte de dos niños. La canción era oscura y depresiva, con un
ambiente grunge, pero el resto del álbum tenía canciones alegres y hermosas
como «Ode to My Family». Con este disco, The Cranberries se convirtieron en
un referente del pop rock europeo, que mostró su lado más cañero en *Bury
the Hatchet* (1999), y esa todavía más oscura «Promises» con un videoclip de
estilo western humorístico. La de Dolores será por siempre una de las voces
femeninas más representativas para nuestra generación y de la que aún hoy
lamentamos su pérdida.

También de Irlanda eran The Corrs, una banda formada por tres hermanas
y su cuarto miembro varón, que se popularizó con un sonido perfectamente
calculado para sonar en las radios del continente y triunfar al otro lado del
charco. Mezcla entre música celta –una de las hermanas tocaba el violín–
y pop, *Talk on Corners* (1997), tenía baladas como «Only When I Sleep»
o «I Never Really Loved You Anyway» que no dejaron de sonar en
las emisoras de radio. Ese mismo año, otra banda de las islas
británicas vivió una segunda juven-
tud; Texas venían sonando desde
los ochenta, pero alcanzaron
su máxima notoriedad con
White on Blonde (1997).
Éxito total en el Reino Unido y Europa con cancio-
nes como «Say What You
Want» o «Black Eyed Boy»,
el álbum fue criticado en su
Escocia natal. Pero al resto,

la voz de Sharleen Spiteri y su aparente dulzura, nos cautivó por un tiempo que se prolongó hasta *The Hush* (1999), más producido y con las pistas de baile en el punto de mira.

Para dulce, la voz de Nina Persson, la cantante de The Cardigans que nos encandiló con «Lovefool» en *First Band On The Moon* (1996). Aunque eran un grupo de pop sueco, varios de sus miembros provenían de bandas heavys, lo que explica que el álbum presentara una versión de «Iron Man», de Black Sabbath. Pero el disco que puso a The Cardigans en nuestro top particular fue *Gran Turismo* (1998), que los lanzó del status de banda de culto, al de fenómeno internacional. Practicaron con la electrónica y la distorsión para convertir el sencillo «My Favourite Game» en un éxito que los acercó a Garbage. En el videoclip, Nina conducía temerariamente por una carretera con fatídico e irónico final, para convertir aquella canción en banda sonora de nuestra vida. Precisamente, Garbage fue una banda que pisó fuerte en los noventa, con su Shirley Ann Manson como protagonista y Butch Vig, productor de *Nevermind*, a la batería. Su debut fue el homónimo *Garbage* (1995), un álbum de pop rock con efectos y actitud punk que contenía cortes excepcionales como «Stupid Girl» o «Only Happy When It Rains». Se superaron a sí mismos con *Version 2.0* (1998), un álbum más agresivo y provocador que los acercó a The Prodigy o Portishead. Shirley ganó confianza y su actuación se comía la cámara en los videoclips de «I Think I'm Paranoid» o «Push It», dos adelantos de un álbum que rápidamente se convirtió en un referente de un género que denominamos techno punk.

Y es que en EE.UU. las mujeres recuperaron terreno gracias a bandas que participaron activamente en el grunge a principios de los noventa. Estaba la banda de Kathleen Hannah, Bikini Kill, que fueron estandarte de la escisión feminista bautizada como riot grrrl, y que en su álbum *Yeah, Yeah, Yeah, Yeah* (1993) presentaron credenciales con «Rebel Girl». Más notoriedad obtuvieron L7, las chicas de Los Ángeles que publicaron *Bricks Are Heavy* (1992) donde cantaban el éxito «Pretend We're Dead». Pero la circunstancia quiso que la banda femenina que captó más atención fuera Hole; después de un debut esperan-

Courtney Love y su alborotada vida... digo, melena.

zador, Courtney Love y su banda publicaron *Live Through This* (1994), un álbum más contenido tanto en lo musical como en las letras de Courtney, que solían tratar temas como el abuso físico y la explotación sexual. *Celebrity Skin* (1998) acercó el grupo a la música comercial, pero fue también el disco que mejor resultado obtuvo con fantásticas canciones que hicieron de aquel, el año de Courtney. Tristemente, la polémica jamás estuvo alejada de ella: aparte de acusarla de conspirar para asesinar a su marido Kurt Cobain, se rumoreaba que su segundo álbum lo escribió su marido, mientras que en *Celebrity Skin* era Billy Corgan quien obtuvo crédito por buena parte de las canciones.

Mención especial merece Alanis Morissette y su excelente *Jagged Little Pill* (1995); era el tercer álbum de la canadiense, entonces asentada en Los Angeles, y también el disco que la lanzó internacionalmente con tan

La década de los noventa no estuvo exenta de referentes clásicos que le aguantaron el pulso a todo lo que surgía a su paso: Madonna lanzó *Ray of Light* (1998), el álbum que supuso la actualización de su sonido e imagen, entre la electrónica y el new-age con «Frozen»; Cher lanzó *Believe* (1998) en un intento de entrar en las pistas de baile y clubes que estaban popularizando géneros como el dance; pero por tradición rock, la palma se la lleva Blondie y su *No Exit* (1999), donde Debbie Harry cantaba «Maria», una canción que para muchos jóvenes fue la puerta de entrada a una clásica banda de pop rock en clave femenina.

solo diecinueve años, acercando su sonido al rock alternativo o post-grunge. Escrito tras una ruptura sentimental, canciones como «Hand In My Pocket» o «Ironic» se convirtieron en clásicos atemporales, como clásica se convirtió su voz nasal para nuestro imaginario colectivo. Y si dejamos lo mejor para el final, todo adolescente de los noventa se fijó en la banda ska punk de California, No Doubt. Gwen Stefani fue la mujer que más admiramos, al menos durante un periodo de tiempo. Con ropa deportiva sobre el escenario, era apasionada con el micrófono, saltando y sudando más que nadie, para luego ofrecernos su cara amable y sensible en «Don't Speak», donde nos relataba la ruptura con el bajista de la banda sin que el resto del grupo lo supiera. *Tragic Kingdom* (1995) tenía otras joyas, como «Sunday Morning», que nos inspiró para las primeras reuniones en casas de amigos. No Doubt se beneficiaron del renacer del ska punk a mediados de los noventa con bandas como Millencolin, Goldfinger o Sublime, pero se labraron un nombre por méritos propios, y por supuesto, por canciones reivindicativamente feministas como «Just a Girl».

One Hit Wonders, nuevas reinas del pop y boy-bands

Un fenómeno que se estiló especialmente durante la década de los noventa fue el de los «One Hit Wonder», artistas que surgieron de la nada para alcanzar la popularidad gracias a una canción, desapareciendo después como llevados por el viento. Uno de los casos más notorios fue el de Fool's Garden, una

banda alemana formada en 1991 cuyos primeros dos álbumes pasaron sin pena ni gloria incluso en su país. Sin embargo, todo cambió con *Dish of the Day* (1995), el disco que contenía la popular «Lemon Tree». No hubo emisora de radio que no la hiciera sonar a lo largo de 1996, ni chaval que jugara a la Game Boy que no la canturreara en el coche. El cantante del grupo dijo que escribió la canción una tarde mientras esperaba a su novia; no sabemos si la novia le duró más que el éxito, pero tal y como indica el título del álbum –significa «plato del día»–, la fama fue para Fool's Garden, flor de un día. Al año siguiente, Hanson publicaron *Middle of Nowhere* (1997), el debut de tres hermanos adolescentes –el más mayor tenía dieciséis años– que cantaban la pegadiza «MMMBop», una canción que todavía se podría adquirir en formato single. Aunque arrasaron en listas de ventas, nada más de lo que hizo el grupo trascendió. Sorprendentemente, la carrera musical de estos tres hermanos continúa en activo, pero lo más notorio que han hecho ha sido lanzar «MMMHops; la cerveza de los que escribieron MMMBop».

En la lista de «grandes éxitos» de 1997, probablemente hubiéramos encontrado otro sencillo que arrasó tanto en emisoras de radio como cadenas de televisión musicales, a cargo de una banda que venía trabajando desde los ochenta. Chumbawamba era una banda británica que aglutinaba a un montón de personas so-

Me pregunto si Aqua seguirán jugando con sus Barbies...

bre el escenario, y que iba a caballo entre el punk, el rock, el pop y el folk, con ideas socialistas e iniciativas animalistas y pacifistas que en aquella época desconocíamos. Estaban a favor de la lucha de clases, a favor de la liberación sexual, eran abiertamente feministas y antifascistas, pero les conocimos por «Tubthumping», una canción enérgica y optimista que nos tuvo dando saltos durante los últimos años de los noventa. Se encontraba en *Tubthumper* (1997), pero de lo que hicieron después, nunca se supo. Y es que 1997 fue un año especialmente prolífico para este tipo de éxitos, entre los que se encontró el de una banda danesa-noruega de estilo dance. Pese a haberse formado en 1989, Aqua no se lanzaron a la industria hasta la publicación de *Aquarium* (1997), álbum que contenía la pegadiza «Barbie Girl», su mayor éxito. El corte se acompañó de un videoclip que rendía tributo en clave burlesca al universo creado por las figuras de Mattel. No obstante, la empresa de juguetes denunció al grupo por el doble sentido detrás de la letra de la canción, acusación que quedó en nada por orden judicial.

El fenómeno «One Hit Wonder» siguió su curso, cuando los finlandeses Bomfunk MC's publicaron *In Stereo* (1999), donde una cautivadora mezcla de electrónica y hip-hop nos sedujo, así como la estética futurista –mini-disc inclusive– del videoclip de «Freestyler». Ese mismo año conocimos a David Lubega, bajo seudónimo de Lou Bega. *A Little Bit of Mambo* (1999) era el título del disco que contenía

Natalie Imbruglia nos enamoró con «Torn»... y lo sigue haciendo.

la famosa «Mambo Nº 5», pero ni él era portorriqueño, ni suya era la autoría de la canción, original de Pérez Prado. La letra citaba un sinfín de mujeres en forma de lista de la compra que hoy pasaría con mucha menos gracia. Y con un pie como «One Hit Wonder» y otro como futura reina del pop, encontramos a Natalie Imbruglia, una joven australiana que enamoró al mundo luciendo voz y rostro en «Torn», la canción principal de *Left of the Middle* (1997). El suyo fue un caso similar al de la americana Meredith Brook, que publicó en el mismo año *Blurring the Edges* (1997) con «Bitch». Ambas arrancaron en 1997 una carrera discográfica de la que pocos tuvimos la oportunidad de saber más allá de sus sonados debuts, y sin embargo, aunque estuvieron cerca de reinar el pop, no pasaron de «One Hit Wonder».

meredith brooks
blurring the edges

Sí hubo tres chicas que a finales de la década presentaron credenciales para reina del pop, todas con distinta fortuna. Christina Aguilera debutó en 1999 con un disco que destacó por «Genie in a Bottle» y

«What a Girl Wants», pero que no le valió para coronarse. También inició su carrera discográfica Jennifer López con la publicación de *On the 6* (1999), que la situó en las mejores pistas de baile gracias a «If You Had My Love» o «Let's Get Loud». J Lo mezclaba pop con ritmos latinos en la línea de artistas masculinos que se proyectaron en la misma década, pero tampoco fue suficiente para proclamarse nueva reina del pop. Mucho más cerca estuvo Britney Spears, vestida de colegiala en «Hit Me Baby (One More Time)». La canción –que había sido rechazada por TLC– arrasó literalmente, tanto como el álbum, y aunque sirvió para que se la comparara con Madonna, los años venideros evidenciaron que había sido una comparación precipitada. Pues las únicas que merecieron el título de reinas del pop, aun por breve espacio de tiempo, fueron las Spice Girls. *Spice* (1996) fue el título del álbum debut de cinco chicas británicas que adoptaron seudónimos y estéticas dispares, responsables de acercar la música pop al público más juvenil, como en su día lo habían hecho The Jackson 5 o Parchís. Las Spice Girls fueron un fenómeno global, y son junto a Oasis y Jamiroquai, las tres bandas británicas que más álbumes vendieron durante los noventa. No duró mucho, pero «Wannabe» las encumbró como nuevas reinas del pop. Obviamente, los EE.UU. no pudieron quedarse de brazos cruzados y respondieron con un producto de igual magnitud, pero en su versión masculina. Cinco chicos formarían los Backstreet Boys, que debutaron en 1996 para complementar la oferta de las Spice Girls. La carrera de esta boyband fue más prolífica, practicando quién sabe cuántas coreografías más para sus videoclips, pero ninguno de ellos con la mitad de gracia que el de «Wannabe».

CAPÍTULO 3

LA TELEVISIÓN MUCHO ANTES DE YOUTUBE...

A finales de los ochenta y durante la década de los noventa, nuestros televisores poco tenían que ver con los actuales. Primero, porque lejos de ser planos, los televisores de tubo de rayos requerían de tanta profundidad en la estantería como grande fuera la pantalla, lo que nos obligaba a ponerlos casi en medio del salón. Desde luego, no eran panorámicos, sino que utilizaban el famoso 4:3 en una pantalla prácticamente cuadrada para acabar mostrando una imagen de baja definición que se granulaba como el Cola-Cao. Además, pesaban un quintal y eran muy contaminantes. Eso sí, permitían poner encima un tapete para decorar con el típico reloj de agujas y un jarrón. Pero, ¿qué hay de lo que se veía dentro? Desde luego, no veíamos la TDT ni qué decir de Youtube, sino los típicos canales generalistas que no avisaban de cuánto duraría la publicidad, y aquella gran obra de ingeniería que era el teletexto; lo más parecido a internet con un completo servicio de consulta de horóscopos, números premiados de la lotería, recetas, anuncios de contactos, etc. No había fotografías, pero los colores vivos eran intensos como en un cubo de Rubik, pues también estaban formados de píxeles. Y, sin embargo, así pasamos nuestros primeros largos veranos, frente a una pantalla que se curvaba en sus esquinas y emitía electricidad estática suficiente para erizarnos el pelo. No era el mejor divertimento, pero entonces ya era uno muy poderoso.

Series para toda la familia

La principal peculiaridad de las series de finales de los ochenta y la década de los noventa era que tenían personajes para que todos pudiéramos sentirnos reconocidos, al margen de la franja de edad, sexo, o rol que tuviéramos en la familia. Este era el caso de *Alf* (1986), un alienígena del planeta Melmac que acaba por error en el garaje de la familia Tanner. Inspirados por los sucesos de la película *E.T.* (1982), la familia decide proteger al ser en su casa, que rápidamente se convierte en un miembro más. Pero su carácter hedonista y nihilista complican la convivencia, sin mencionar su extraño afán por intentar comerse al gato. Peludo, con tupé, y sin superar el metro de altura, Alf era el más carismático de una familia compuesta por un padre, una madre, una chica adolescente y un niño pequeño. Pero con quien más congeniaba Alf era con el Sr. Tanner (Max Wright), un radioaficionado dado a negociar para llegar a acuerdos que Alf terminaba por no respetar, aplicando su ley allá donde iba. La extraña pareja era quien mejor nos caía, soñando con algún día ser un padre de familia que tuviera un amigo así. Porque en el fondo, Alf era nuestro buen amigo. Y el gato, su próximo almuerzo.

Mucho antes de que tuviéramos edad de ir al instituto ya veíamos cómo era la vida en un centro de este tipo gracias a Zack (Mark-Paul Gosselaar), Slater (Mario López) y Screech (Dustin Diamond), el trío protagonista de *Saved by the Bell* (*Salvados por la campana*, 1989) junto a las chicas Lisa (Lark Voorhies), Kelly (Tiffani Thiessen) y Jessie (Elizabeth Berkley). Los seis iban a clase en el instituto Bayside, aunque pasaban las tardes en la hamburguesería Max huyendo del director del centro. A día de hoy es difícil recordar elementos de esta serie más allá del habitual pasillo de taquillas, cómo cada chico encajaba con cada chica, la pintoresca personalidad de Screech, y los títulos de crédito iniciales muy en la onda MTV de finales de los ochenta. La serie arrancó con episodios inconexos y tramas rocambolescas de líos en los que se metía Zack, ingeniándoselas para salir siempre airoso mientras Screech nunca corría su misma suerte. Poco a poco, los capítulos se fueron entrelazando al tiempo que crecían las tramas de tensión amorosa no resuelta –para el término «sexual» todavía era pronto–, y la serie que empezó con los chavales evitando el instituto, terminó cuatro años después con su graduación.

Una de las series con más personalidad y presencia televisiva a lo largo de los noventa fue la protagonizada por la familia Winslow. *Family Matters* (*Cosas de casa*, 1989) era una sitcom que trataba el día a día de una familia afroamericana de Chicago, formada por el agente Carl Winslow (Reginald VelJohnson), su esposa y sus tres hijos. Pero la estrella de la serie era Steve Urkel (Jaleel White), el excéntrico vecino que se convirtió en miembro fijo a mitad de la primera temporada. Steve estaba secretamente enamorado de Laura (Kellie Williams), la hija mediana del matrimonio Winslow, pero el peso argumental, así como el de las escenas cómicas, lo llevaba su relación con Carl. A mitad de la serie, Judy (Jaimee Foxworth), la hija pequeña, desapareció sin ningún tipo de explicación argumental ni señal de que se la echara de menos; nunca supimos por qué, solo que años después la actriz se metió en la industria del porno y tuvo problemas con el alcohol y las drogas. Quedándonos con los gratos recuerdos de la serie, lo más recordado todavía hoy sigue siendo una pregunta generacional en boca de Urkel: «¿He sido yo?».

Menos estimulante pero más refrescante y exitosa fue *Baywatch* (*Los vigilantes de la playa*, 1989). Era la serie del verano por excelencia, que en clave de drama y algo de acción narraba las aventuras y desventuras, profesionales y personales, de un grupo de socorristas de la playa de Santa Mónica, Los Ángeles. Cancelada tras un inicio poco prometedor, tuvo que aparecer David Hasselhoff, cansado de conducir su coche fantástico, para convertirse en productor ejecutivo y relanzar una serie que tuvo más acogida en el exterior que en su país de origen. Sus principales reclamos eran el propio Hasselhoff como Mitch Buchannon, y la exuberante Pamela Anderson como CJ, dos cuerpos esbeltos entre tantos otros bronceándose en un bañador rojo, mientras sujetan con una mano su flotador de socorrista y con la otra las gafas de sol. Entre ellos se encontraba Michael Newman, interpretándose a sí mismo puesto que llevaba veinte años trabajando como socorrista de la playa de Los Angeles. A día de hoy, parece una serie inimaginable sin unas tramas más interesantes lejos de la playa, pero lo cierto es que marcó época con once temporadas y gracias a una canción de cabecera de Peter Cetera con Bonnie Raitt a la guitarra; solo con escucharla ya apetece darse un chapuzón.

Probablemente la primera serie británica que enamoró a la Generación Game Boy fuera *Mr. Bean* (1990), la misma que nos introdujo en el mundo de los *sketches* de humor a través de su protagonista, un adulto con mente infantil que apenas habla, que duerme con su peluche y conduce un auténtico Mini de época. Pero la vida de Mr. Bean (Rowan Atkinson) no es fácil, y desde el prisma de este egoísta, solitario, tacaño, maniático, pero también tímido perdedor, logra hacernos desternillar de la risa hasta terminar mostrándonos su humanidad desplegando una ternura propia que se ganaba nuestro cariño. Imposible olvidar su visita al dentista, donde acaba anestesiando al doctor para realizarse él mismo el empaste de cuatro muelas, o la que origina el Día de Acción de Gracias para terminar con la cabeza dentro del pavo, o cómo se las ingenia para copiar en un examen, o cómo carga tanto su Mini que solo puede conducirlo con ayuda de una escoba y unas cuerdas sentado en el techo. El carisma del personaje creado por Rowan Atkinson fue tal que ya solo podríamos verle encasillado en este rol, para bien de todos nosotros y de nuestro sentido del humor, pues todos tenemos un poco de Mr. Bean. De quien tenemos más bien poco pero ya nos gustaría es del Señorito William, el personaje de Will Smith en *The Fresh Prince of Bel-Air* (*El Príncipe de Bel-Air*, 1990). Will es un chico de Philadelphia propenso a meterse en líos, hasta que su madre lo manda a vivir con sus tíos en el lujoso barrio de Bel-Air. Allí conocemos a Philip Banks (James Avery) y a su familia, entre la que destaca «Cara Cartón» Carlton (Alfonso Ribeiro), la pija Hilary (Karyn Parsons) y la pequeña Ashley (Tatyana Ali), y por supuesto, al mayordomo Geoffrey (Joseph Marcell). Will se las ingenia para adaptar su incorregible forma de ser al estilo de vida de

La familia «cool» del Príncipe de Bel-Air.

Los chicos de Sensación de vivir lo compartían todo, incluso el esteticista.

sus parientes, con las recurrentes apariciones de su amigo Jazz (Jeffrey Townes). Lo mejor de la serie: casi todo. Will Smith estaba soberbio, y su relación con Geoffrey y el enorme Tío Phil dieron algunos de los mejores momentos televisivos de los noventa. Hay que reconocerlo, todos queríamos ser como Will Smith, pero muchos tuvimos que conformarnos con imitar su forma de vestir la americana del revés y sabernos al dedillo la letra de la canción inicial. Difícilmente una sitcom podría llegar más alto.

En otra línea mucho más al estilo clásico de una telenovela, pero para jóvenes, se estrenó *Beverly Hills, 90210* (*Sensación de vivir*, 1990). El hilo argumental seguía a los hermanos Brandon (Jason Priestly) y Brenda (Shannen Doherty), que con sus padres se trasladaban a vivir al acomodado barrio de Beverly Hills, California. En edad de instituto, allí conocen a chavales y chavalas de su edad con los que se enamoran, se pelean, se vuelven a enamorar, y en definitiva, dan el paso de la adolescencia a la madurez. Cabe recordar que, como buen culebrón, el tono fue subiendo a medida que la serie aguantaba en antena, pasando a tratar temas como el embarazo precoz, el consumo de drogas, los abusos sexuales o el suicidio juvenil. Tal fue la popularidad de la serie que muchos de sus actores se convirtieron en ídolos juveniles, carne de cañón de revistas españolas como *Súper Pop* o más tarde, *Bravo*; entre ellos, los más populares serían Luke Perry y Shannen Doherty, quien después aparecería en *Mallrats* (1995), la segunda película de Kevin Smith. Aunque *Sensa-*

ción de vivir causó «sensación» –si se me permite la ocurrencia–, echando el vistazo atrás hay que reconocer que en los noventa no fue oro todo lo que brilló. Y sin embargo le salió un hermano gemelo, cuando el mismo productor de *Sensación de vivir* lanzó *Melrose Place* (1992). Era una especie de continuación natural, donde igual que sus personajes eran más adultos, también lo eran sus problemas. Al principio, la serie trataba alrededor de las vivencias de un grupo de atractivos jóvenes que vivían en el complejo de viviendas Melrose Place, tratando de encontrar su lugar en el mercado laboral. Pero un pobre arranque precipitó la

llegada a finales de la primera temporada del personaje de Amanda (Heather Locklear), quien se convirtió prácticamente en protagonista para elevar el tono y doblar la audiencia. Este éxito pasó por un mayor número de escenas de cama con Amanda como principal protagonista, lo que comportaba más pasión, engaños y celos. Ambición, traición y venganza se convirtieron en el leitmotiv de una serie que terminó con la muerte de veinte de sus personajes –¡aprende, *Game Of Thrones*!–. Finalmente, la estrategia que sirvió para encumbrarla, terminó por agotarnos y la serie se canceló cuando no quedaba un alma inocente en ella.

Puede que no quedaran almas inocentes en *Melrose Place* porque estaban todas en Manhattan, Nueva York. Concretamente, sentados en el sofá de la cafetería Central Perk. Rachel (Jennifer Aniston), Monica

F·R·I·E·N·D·S

(Courtney Cox), Phoebe (Lisa Kudrow), Ross (David Schwimmer), Joey (Matt LeBlanc) y –nuestro preferido– Chandler (Matthew Perry), forman el grupo de amigos protagonista de *Friends* (1994), una serie sobre una amistad que perdura a lo largo de los años, pese a múltiples historias personales y profesionales que les rodean. Amor y desamor, triunfos y fracasos, e incluso algún embarazo, se suceden a lo largo de diez temporadas donde el peso, más que las tramas, lo aguanta un interesante elenco de personajes a cargo de actores en estado de gracia, y un innumerable sinfín de cameos de estrellas de Hollywood. *Friends* fue un fenómeno global que causó sensación, inicialmente convertida en clásico de la televisión de pago, solo apto para tertulia de los «elegidos» cuyos padres podían permitírselo.

La serie que nos pudimos permitir todos en una cadena privada generalista fue *Ally McBeal* (1997). Ally (Calista Flockhart) es una abogada que encuentra trabajo en el bufete de Boston Cage & Fish. Pero su primer día cargado de ilusión se trunca cuando descubre que allí trabaja su ex-novio –a quien todavía no ha olvidado– junto a su esposa actual. La frágil y neurótica personalidad de Ally se viene abajo mientras se enfrenta en cada episodio a un nuevo

Uno de los numerosos éxitos de *El Príncipe de Bel-Air* era ver cómo los niños de la casa cantábamos el rap de los títulos de crédito frente al televisor. Si hacemos memoria, seguro que aún recordamos por dónde iban los tiros: «Al oeste en Filadelfia, crecía y vivía sin hacer mucho caso a la policía. Jugaba al básquet sin cansarme demasiado porque por las noches me sacaba el graduado. Cierto día jugando al básquet con amigos, unos tipos del barrio me metieron en un lío, y mi madre me decía una y otra vez: ¡con tu tío y con tu tía, irás a Bel-Air!». La canción seguía, pero lo mejor era la mala imitación de la gruñona madre de Will.

caso que refuerza su conflicto vital. Lo más pintoresco de la serie era el uso de un baño unisex en el que transcurrían la mayor parte de conversaciones personales, así como los *running gags* de Ally, extremadamente torpe cada vez que conocía a alguien que le gustaba, o sus visiones del bebé bailarín, un fenómeno de la época. Igualmente memorable era el personaje de «Bizcochito» (Peter MacNicol), el mejor confidente de Ally, o la banda sonora original, obra de la entonces desconocida Vonda Shepard. Cada episodio cerraba en el club nocturno donde ella cantaba, y a veces incluso lo hacía un famoso cantante de soul, pues *Ally McBeal* fue también nuestra forma de emocionarnos por primera vez con «You're the First, the Last, My Everything» de Barry White.

Una de las últimas series de la década que tendríamos ocasión de empezar a ver en familia fue *Dawson's Creek* (*Dawson Crece*, 1998). Y digo «empezar» porque nuestro interés por ella se diluyó como lo hace el azúcar en un vaso de agua. La serie arrancaba con Dawson (James Van Der Beek) como protagonista, un joven adolescente cuya aspiración en la vida es convertirse en director de cine, como su ídolo, Steven Spielberg. Pero la llegada de una nueva vecina revoluciona su vida y la de sus amigos, mientras recorren el vital camino del instituto a la universidad, todo muy propio del paso de la adolescencia a la madurez, pero en este caso, cada vez más subido de tono. Pese a que fue un

éxito inicial, la serie cosechó duras críticas por parte de la prensa especializada, que no comprendía cómo un drama por y para adolescentes, pudiera tener tantas alusiones sexuales explícitas en horario para todos los públicos. Esto fue seguramente lo que nos atrajo en su momento, y lo mismo que se repitió hasta agotarnos. Sin embargo, con *Dawson Crece* despegó la carrera de Katie Holmes, del mismo modo que su creador, Kevin Williamson, encontró espacio entre sus sagas *Scream* (1996) y *I Know What You Did Last Summer* (*Sé lo que hicisteis el último verano*, 1997).

El ABC de nuestra infancia

¿Qué hay de la programación hecha exclusivamente para los niños de la época? Pues probablemente veíamos alguna de las series de dibujos animados provenientes de Japón, a los que por aquel entonces no se los llamaba «anime», sino que se los consideraba como «manga» a secas. En tal caso, uno de estos, seguro era *Saint Seiya* (*Los caballeros del Zodiaco*, 1986), una adaptación del manga original que trascendió en una historia mucho más compleja, inspirada tanto en la

mitología nórdica como romana. Los protagonistas eran una serie de caballeros fantásticos que contaban con poderes y atributos propios de distintos signos zodiacales y sus constelaciones. Pero a diferencia del manga, la serie de anime era más vistosa y moderna gracias al dibujante Shingo Araki, que dotó a los personajes de un estilismo propio que los fabricantes de Bandai supieron aprovechar a la hora de lanzar sus figuras de acción con armaduras desmontables. No obstante, la serie despertó polémica en varios países tanto por su elevado contenido violento como por incitar, supuestamente, a la homosexualidad –¡¿WTF?!–. Evidentemente, esto último es algo con lo que los niños de la época vivimos totalmente ajenos.

Si para algunos, *Los caballeros del Zodiaco* incitaban a cierta condición sexual, no quiero ni pensar lo que estos mismos colectivos y asociaciones pensarían de *Ranma ½* (1989), un anime en que el joven protagonista se transforma en una atractiva mujer cuando se moja en agua fría. Ranma Saotome era su nombre completo, y su historia arranca entrenándose en artes marciales junto a su padre sobre unos fosos de agua encantados. Quien cae en un foso, se convierte en un ser distinto, tal y como le ocurre también a su padre, que se transforma en oso panda. Ambos tratan de desprenderse de la maldición mientras lidian con un compromiso previo: el del matrimonio entre Ranma y Akane

Tendo. Ambos se oponen a este enlace desde el principio, pero a medida que avanza la trama van limando asperezas propias de dos adolescentes a marchas forzadas sin reconocer que en el fondo se gustan. Puede que el argumento no suene muy original hoy, más allá del componente de la maldición. Pero la serie tenía mucho sentido del humor repartido en elementos que la hacían especial, como un surtido de personajes muy divertidos dispuestos a batirse con Ramna por el amor de Akane –otros se batirían con Akane por el amor de Ranma–, entre los que destacaba Ryôga, quien se transformaba en un cerdito, la querida mascota de Akane sin que ella lo supiera.

Aunque se estrenó en 1983, este otro clásico de la época no nos llegó hasta 1990. *Captain Tsubasa* (*Oliver y Benji*) es uno de los animes con más éxito internacional, dando lugar a múltiples secuelas. La historia gira alrededor de Oliver –Tsubasa Ozora en la versión original– y su grupo de amigos, que tienen la ilusión de jugar en el New Team, el equipo más importante de la ciudad, y donde juega el mejor portero de la liga nacional, Benji. Con el fútbol como tema central, la trama sigue de cerca la trayectoria de estos chicos hasta que se convierten en profesionales y forman parte de la selección nacional de Japón, mientras superan lesiones, realizan entrenamientos chutando a portería con saltos acrobáticos que ya quisieran para ellos los del Cirque du Soleil y recorren campos de fútbol interminables cuya longitud se completa en lo que dura una maratón. La serie tenía muchas alusiones tanto a nombres brasileños como a grandes equipos de fútbol europeos, hasta el punto de que Oliver terminaría jugando en el FC Barcelona. Pero esto ya es gallo de otro cantar, o un giro argumental de otra generación.

Pero la serie anime más famosa y representativa de los noventa fue *Dragon Ball* (*Bola de Dragón*, 1986), un manga original de Akira Toriyama que narra la

aventura de Goku, un niño guerrero del espacio que se dedicará a proteger la Tierra con ayuda de sus primeros amigos Bulma y Krilín, y de unas bolas mágicas que convocan a un gran dragón que concede deseos. A su paso, saldrán múltiples villanos, algunos de los cuales terminarán convertidos en amigos y otros de los cuales su sombra perdurará por los siglos de los siglos. Freezer, Piccolo, o el monstruo Bu, son solo un ejemplo del repertorio de personajes increíbles que se sucedieron en *Dragon Ball* pero también en sus secuelas, siendo las más famosas *Dragon Ball Z* (1989) y *Dragon Ball GT* (1996). Es el manga y anime que más negocio ha generado a su alrededor con todo tipo de *merchandising*, y seguro la serie más representativa de la época, la que nos mantuvo a todos enganchados diariamente frente al televisor, y que pudo verse en cadenas autonómicas mucho antes que en la televisión generalista. Además, sirvió de inspiración para incontables horas de diversión en el recreo, donde cada niño interpretaba a su personaje favorito durante unos minutos, para repartir toda estopa posible. El nuestro se hizo de rogar en la serie, y cuando lo hizo, resultó que venía del futuro; llevaba una espada y se llamaba Trunks.

Sin embargo, no todo fue anime en los noventa: *Parker Lewis Can't Lose* (*Parker Lewis nunca pierde*, 1990) fue una serie que nos trasladó a los pasillos de instituto al estilo de *Salvados por la campana* pero con mucho mayor acierto, originalidad y sentido del humor. Parker (Corin Nemec) era el protagonista, un chico popular y seguro de sí mismo, a quien acompañaban Mikey (Billy Jayne) y el estrafalario Jerry (Troy Slaten). Juntos, trazaban planes que siempre comenzaban con «Caballeros, ¡sincronicemos relojes!» y terminaban por salvar el pellejo delante de Miss Musso (Melanie Chartoff), la directora del colegio, de su secuaz Frank Lemer (Taj Johnson), o de Shelly (Maia Brewton), la hermana pequeña de Parker. *Parker Lewis* tuvo corto recorrido con solo tres temporadas de emisión, pero siempre se le reconocerá un estilo peculiar con la utilización de muchos planos donde los personajes miraban y se dirigían a cámara; por su popularidad minoritaria, bien podríamos considerarla una serie de culto.

Quien también se dirigía a cámara eran los concursantes de *Takeshi's Castle* (*Humor amarillo*, 1990), después de haber recibido un buen trompazo. El presentador del programa era Takeshi Kitano, que acogía a múltiples concursantes que tenían el objetivo de llegar a su castillo. Pero por el camino, se sometían a pruebas físicas y de destreza, que en su mayoría terminaban con el concursante por los suelos o en una charca de agua pantanosa. Y si algún

avispado las superaba, todavía tenía que enfrentarse a unos hombres vario-pintos que custodiaban el castillo. Cuentan que el ganador recibía un millón de yenes, y decimos «cuentan» porque entre nuestros recuerdos no se encuentra ningún vencedor, solo testarazos y porrazos, narrados por un doblaje que era la gracia del programa. El doblaje, y por supuesto, la careta inicial, con una monja diciendo que le gustaba el humor blanco, un hombre afroamericano afirmando que le gustaba el humor negro, un Guardia Civil defendiendo su preferencia por el humor verde, y una mujer asiática que afirmaba que «el mejol, es el humol amalillo». Más que amarillo, lo suyo era humor absurdo; pero nos entretuvo lo suyo.

Para entretenida, la serie definitiva de los noventa: *Dinosaurs* (*Dinosaurios*, 1991) cuenta el día a día de una familia de dinosaurios en el 60.000.003 aC. La familia consta de un matrimonio, sus tres hijos –siendo uno de ellos un bebé– y la abuela, todos ellos en un mundo completamente humanizado: viven en una casa, conducen coches, miran la televisión, etc. Earl Sinclair es el padre de familia que trabaja en el bosque talando árboles, y tiene una relación muy peculiar con el bebé Sinclair, que siempre le responde «Tú no, mami» mientras le golpea con una sartén. El personaje era tan potente que incluso le dedicaron la canción «Soy el peque», en el que repetía «¡a quererme!». Inteligente y divertida, *Dinosaurios* era mucho más crítica

con la sociedad de lo que aparentaba en un principio, reflejando problemas de parentesco propios de la edad, sociales a través de la influencia del televisor, o políticos con personajes corruptos y manipuladores. Fue la serie más grunge de su época, que nos reservó un doloroso final después de cuatro temporadas. Sin ánimo de hacer spoiler, ¿cómo terminaron los dinosaurios? Pues eso.

De aquí en adelante, las series de televisión dirigidas a niños fueron de más a menos, como le ocurrió a la adaptación norteamericana de la serie nipona *Super Sentai Series*. Puede que este nombre no nos diga nada, sin embargo, la cosa cambia si hablamos de *Mighty Morphin Power Rangers* (1993). Esta prime-

ra entrega de la franquicia arrancaba con unos astronautas que liberaron por error a la malvada Rita Repulsa de su prisión espacial. Rita decide vengarse y levanta un castillo en la Luna para supervisar sus ataques a la Tierra, a través de monstruos creados a partir de figuras de arcilla. En respuesta, el hechicero Zordon y su ayudante robot, Alpha 5, reclutan a cinco adolescentes de la Tierra para convertirlos en Power Rangers, los protectores del Planeta. Estos, deberán luchar contra las criaturas de Rita al tiempo que intentan llevar la vida propia de cinco jóvenes en edad de ir al instituto. Puede que hoy en día, el argumento no tenga mucho sentido ni suene demasiado atractivo, pero hay que reconocer que, por aquel entonces, se nos erizaba el vello cada vez que Rojo, Azul, Negro, Rosa y Amarillo hacían un gesto con su muñeca y gritaban «¡A metamorfosearse!».

En la misma línea de aprobado por los pelos se encuentran dos teleseries que nos tragamos sin rechistar, pero que difícilmente toleraríamos hoy en día. La primera de ellas, *Hercules: The Legendary Journeys* (*Hércules: Sus viajes legendarios*, 1995), nos contaba con total y absoluta libertad, y llena de licencias, la historia del casi-dios Hércules (Kevin Sorbo). Los episodios auto-conclusivos nos presentaban sus aventuras con elementos de la mitología griega pero también romana, a base de guiones simplones, mamporros y escenarios de cartón-piedra. Y, sin embargo, si cuela, cuela, como coló *Xena: Warrior Princess* (*Xena: La princesa guerrera,* 1995), la versión en clave femenina donde Xena (Lucy Lawless), la poderosa guerrera de la antigua Grecia, se embarca en incontables aventuras en una lucha eterna contra el mal, solo con la compañía de su amiga Gabrielle (Renée O'Connor). No sé cuál era peor, pero que ambas duraran seis temporadas, revela que nos embaucaron de lo lindo.

Mejores recursos para entretener tenía *Sabrina, the Teenage Witch* (*Sabrina, cosas de brujas*, 1996), donde la protagonista, Sabrina Spellman (Melissa Joan Hart) descubría a los dieciséis años que tenía poderes mágicos, y para lidiar con ellos contaba con poco más que la ayuda de sus dos tías, y del gato Salem, un hombre que años atrás pretendía dominar el mundo –y que como gato tampoco renuncia a ello–. A partir de aquí se presenta el dilema de llevar una vida cotidiana con su novio y practicar un uso moral de sus poderes, aun permitiéndose alguna licencia vengativa. Aunque era de corte bastante infantil, la serie se esforzaba por tener moralejas muy humanas con enseñanzas vitales. Además, a medida que nos hacíamos mayores, Melissa Joan Hart se convirtió en una de las primeras mujeres que nos prendieron el corazón. Por ahora, nada que decir del *remake* de Netflix.

Para terminar, la última serie infantil que llamó la atención de muchos niños entrando por la puerta grande en el terreno desconocido de la pubertad, fue *Dexter's Laboratory* (*El Laboratorio de Dexter*, 1996). Creada por Genndy Tartakovsky para Cartoon Network, la serie trata sobre Dexter, un niño científico que tiene un laboratorio secreto para hacer toda clase de inventos disparatados, convirtiéndose estos en el motivo o causa de sus aventuras. Al otro lado está su odiosa hermana, Dee Dee, quien gusta de entrar misteriosamente en el laboratorio y meterse en las labores de su hermano para tirarlas por tierra. *Laboratorio de Dexter* se convirtió en una de las series más populares de Cartoon Network, siendo este un canal de pago, por lo que, a falta de Youtube, tendríamos que conformarnos con verla en casa de nuestros amigos siempre que nuestros padres no pagaran la cuota. Aunque terminaba por volverse repetitiva, la serie marcó el tono de muchos de los dibujos animados que vendrían, y sirvió de cantera para algunos ilustradores que harían todavía cosas más grandes en el futuro, entre ellos Seth McFarlane, creador de *Family Guy*.

Ni un pelo de caja tonta

En televisión, no todo era entretenimiento fácil y evasión; en nuestra honrada década y media se emitieron series que elevaban el listón de sus espectadores. Sutiles, inteligentes, irónicas, profundas –no aptas para todos los públicos, ¿por qué lo vamos a negar?–, y algunas tan sinceras que podían ponerlo todo patas arriba. Todas ellas tuvieron la capacidad de marcar época para colgarse la merecida etiqueta «de culto». La primera y más conocida, *The Simpsons* (*Los Simpson*, 1989): no queda nadie en el Primer Mundo que no conozca a Homer, Marge, Bart, Lisa y Maggie Simpson, o a un pintoresco elenco de vecinos de la comunidad de Springfield. Marge cuida de la familia, mientras Homer lo hace de la central nuclear bajo las órdenes del Sr. Burns y Waylon Smithers. Lisa es la primera de la clase, Bart el primero sobre el skate, y Maggie, la primera sin hablar durante treinta temporadas televisivas. Matt Groening es el creador que se inspiró en su propia familia –él es el personaje de Bart– para criticar la sociedad norteamericana. La serie ha dejado multitud de recuerdos en la retina de los espectadores, algunos grabados a fuego. ¿Quién no se ha repetido a sí mismo el dichoso diálogo «Vámonos átomos», y Radioactivo Man responde «Venga, ¡vámonos!»? Algunos incluso cantamos al son de *The Simpsons Sing the*

Jerry Seinfeld, un monologuista muy bien acompañado.

Blues (1990), con partes instrumentales de BB King o Dr. John. Poco se puede decir de esta serie que nos ha hecho compañía en un sinfín de ocasiones, que resistió al agotamiento de ver día tras día los mismos episodios durante años. *Los Simpson* pudiera ser la serie intergeneracional más importante de la historia de la televisión, y si no estás de acuerdo, «multiplícate por cero».

El mismo año que *Los Simpson*, se estrenó en EE.UU. *Seinfeld* (1989), una serie con el cómico Jerry Seinfeld como protagonista, interpretando una versión paródica de sí mismo. Con la premisa de «media hora acerca de nada», Seinfeld se dedicó a explorar las rutinas de la vida cotidiana de un neoyorquino maniático y meticuloso con la limpieza, con el único propósito de hacer reír. Cada episodio arranca y termina en el club nocturno donde presenta su monólogo, pero lo mejor de la serie eran los ridículos diálogos plagados de reflexiones seudofilosóficas y neuróticas con su exnovia y sus amigos. Fue una de las series más populares de la década en EE.UU. que se convirtió automáticamente en serie de culto allá donde iba y, sin

a su
de pocos
gos, el
rdián de
ripta se
ía querer.

embargo, Jerry Seinfeld tiene el récord Guinness a la mayor suma de dinero echazada por un empleo, cuando no aceptó la oferta de la cadena por renovar la emisión de la serie. Sin duda, este sería un buen arranque para un monólogo.

Menos realista era el protagonista de *Tales from the Crypt* (*Historias de la cripta*, 1989), que se emitió originalmente en la cadena de pago HBO. Pese a que era una serie primordialmente para adultos, tuvo un gran éxito a lo largo de siete temporadas en las que, exenta de censura, mostraba imágenes violentas y sexuales. Cada episodio arrancaba con la cámara entrando por la puerta de una mansión deteriorada, y la recorría para terminar descendiendo hasta el sótano, donde al abrir un ataúd descubríamos al Guardián de la Cripta, un hombre en avanzado estado de momificación, cuya risa hacía temblar a todo menor de edad frente al televisor. Pero era un temblor placentero, pues nos disponíamos a conocer la historia que nos iba a contar, presentada con algún juego de palabras, para luego regresar frente a él y conocer la conclusión en forma de sarcástica moraleja. Esta forma de narrar provenía directamente de la adaptación del cómic editado por EC Comics, lo que ayudó a que se convirtiera en serie de culto de cuentos de terror. Entre otras tétricas moralejas, nos enseñó una horrible manera de morir: sufriendo una autopsia en vida, con un ritmo cardíaco tan tenue que resulta inapreciable para el médico forense

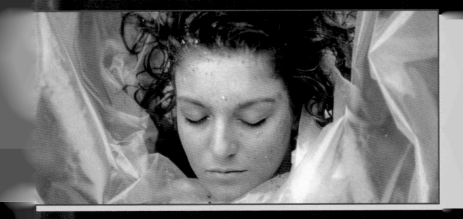

Igualmente espeluznante podía volverse el argumento de *Twin Peaks* (1990), donde David Lynch y Mark Frost daban rienda suelta al lado más oscuro de su imaginación. La serie arrancaba como lo requiere todo buen thriller: un cadáver. El cuerpo de la popular Laura Palmer (Sheryl Lee) aparece en el río y el FBI envía al agente Cooper (Kyle MacLachlan) al tranquilo pueblo de Twin Peaks, Washington, para responder a la pregunta «¿quién mató a Laura Palmer?». Pero el pueblo resulta no ser tan tranquilo, y rápidamente, Cooper se ve atrapado entre extraños giros y personajes: compañeros de la comisaría de lo más pintorescos, un camionero con mal genio, el extravagante responsable de un hotel o la mujer que habla con el leño son solo un ejemplo de lo mejor –que es todo– que podemos encontrar en esta serie. *Twin Peaks* fue un éxito hasta resolver el crimen de Laura Palmer, cuando la audiencia, escandalizada, cambió radicalmente de opinión. Surrealismo, humor, y una banda sonora brillante obra de Angelo Badalamenti, son sellos propios de la ficción de David Lynch, tanto como el enano que habla al revés y sus cortinas rojas. A la serie le acompañó una precuela, *Fire Walk With Me* (*Fuego camina conmigo*, 1992) y ya en tiempos modernos, una tercera temporada con los actores originales. Aunque es difícil de imaginar a un niño nacido a mediados de los ochenta viendo esta serie en su estreno, algunos tenemos muy presente el recuerdo de estar junto a nuestro padre mientras la seguía con atención. Solo unos años más tarde, seríamos nosotros los atentos ante esta mítica serie, que se nos

Otra serie para adultos, que en este caso nuestros padres no osaron ver, es la americana de animación *Beavis and Butt-Head* (1993). Creada originalmente para aparecer en MTV y servir en bandeja tres videoclips durante su espacio, esta pareja descarnada y malhumorada terminó por protagonizar su propia serie, una especie de *sitcom* animada para adultos que se emitió durante ocho temporadas. Los protagonistas son dos jóvenes de Texas, ineptos y sin escrúpulos, que se dedican a vaguear e insultar por doquier, a hacer pellas en el instituto y a sus dos obsesiones: fantasear con el sexo y escuchar heavy metal. «Mola», dirían ellos. Pero lo cierto es que, al principio de su emisión, la serie se valió de muchas críticas contrarias a la actitud temeraria de sus protagonistas con claras inclinaciones pirómanas, y la MTV retrasó su horario de emisión además de alertar del contenido explícito de su lenguaje. Aunque hubo mucho fiel con amor incondicional a esta serie, puede que su único mérito sea el crear escuela con otros dibujos posteriores que más tarde recordaremos. Dicho esto, se convirtieron en un icono del post grunge por méritos propios.

La serie que sí lo reventó ese mismo año y los venideros, fue *X-Files* (*Expediente X*, 1993). Los agentes del FBI, Mulder (David Duchovny) y Scully (Gillian Anderson), investigan casos definidos como paranormales que, por un motivo u otro, han quedado sin resolver. Mientras el primero es un hombre con fijación por lo paranormal –ya sean fantasmas, extrañas criaturas y, sobre todo, alienígenas– a causa de la extraña desaparición de su hermana siendo él apenas un niño, la segunda es una doctora forense destinada a echar por tierra el argumentario de Mulder, pero que sin embargo terminará por dudar de su propio juicio. Poco a poco, la pareja se ve obligada a encontrar un espacio común en el que habitar, y por qué no, desarrollar una atracción sentimental pese a la que formarán un equipo en busca de una verdad que «está ahí fuera». Desapariciones inexplicables, avistamientos de ovnis, sucesos extraños, criaturas extravagantes... y un informador que fuma en la sombra, son algunos de los aspectos clave de esta serie que nos atrapó durante años pero que, pese a insistir con creces en épocas posteriores, ya nunca volvió a ser lo mismo. Estética cuidada, temas atractivos, tensión sexual no resuelta y actores solventes, son algunos de los

ingredientes que hicieron de este un cóctel ganador. Si *Lost* (*Perdidos*, 2004) generó tanto debate en las redes sociales, es de suponer que con *Expediente X* la red hubiera caído por sobrecarga.

Pero si tuviéramos que quedarnos con una única serie estrenada en 1993, esa sería *Frasier*, protagonizada por el psiquiatra Frasier Crane (Kelsey Grammer), obligado a vivir con su padre, un hombre con mal genio y bastón que se pasa el día gruñendo. A menudo se pasa por allí Niles (David Hyde), el hermano de Frasier que vive enamorado platónicamente de la asistenta de su padre, y con quien las conversaciones sobre sus diferencias se convierten en uno de los ejes centrales de la serie y mejores motores de la risa. También es especial la relación que mantiene Frasier con la directora del programa de radio donde trabaja, cuyas diferencias no impedirán que se conviertan en amigos. *Frasier* se creó a partir de la serie *Cheers* (1982), para convertirse en el *spin off* con más éxito a lo largo de once temporadas. Tal fue la notoriedad de la serie, que las voces originales de Frasier y Niles, así como las de sus dobladores, fueron las mismas del personaje Actor Secundario Bob de *Los Simpson* y su hermano Cecil, parodiando la serie *Frasier* en un *sketch* del episodio *Brother From Another Series* (*El hermano de otra serie*), en que Cecil planea volar la presa de Springfield y cargarle el muerto a su hermano Bob.

Recuperando la referencia a *Beavis and Butt-Head*, en parte inspirada por esta nació *South Park* (1997), la serie de animación de humor negro por excelencia –roza directamente la vulgaridad–, que cuenta el día a día de cuatro amigos en su pueblo natal, uno ficticio de Colorado. Stan, Kyle, Cartman y Kenny son los protagonistas de esta serie dirigida a un público adulto, que sin embargo empezamos a ver los niños antes que nadie, encumbrándola en una de las mejores gamberradas «bien vistas» que podíamos hacer, como era mirarla en televisión. Palabrotas, escatología y violencia, constantes alusiones a la religión y a la política eran el *leitmotiv* de esta serie donde Stan era el líder del grupo, Kyle su amigo judío, Cartman, el gordo cabrón antagonista que además era egoísta, malcriado, racista, xenófobo, antisemita y un largo y desagradable etcétera, y Kenny, una muerte recurrente en cada episodio, víctima de los daños colaterales... «¡Oh, Dios mío! ¡Han matado a Kenny!». Aunque suene decadente, la realidad era que los jóvenes nos sentimos identificados con la serie, pues todos –o casi todos, seamos sinceros– queríamos ser Stan para acallar al Cartman de la clase.

Para serie de culto con buen gusto, el anime nos trajo *Cowboy Bebop* (1998), una especie de western espacial ambientado en el año 2071. Spike, Jet, Faye, Ed y la mascota Ein, viajan por el Sistema Solar a bordo de la nave espacial Bebop a la caza de delincuentes espaciales.

Cowboy Bebop superó una censura inicial a causa de su controvertido contenido para convertirse en una obra maestra del anime a nivel global, cosechando tanto la alabanza de la crítica como el éxito comercial. Además, como ya se hiciera con otras series en su línea como *Evangelion* (1995), la serie explora temas profundos como el existencialismo, así como la soledad y el peso de nuestros recuerdos en nuestro día a día. Pero *Cowboy Bebop* también es un homenaje a la música bebop con una banda sonora soberbia, de lo mejor que hayamos podido escuchar en televisión, con continuas alusiones a clásicos del género, pero también del rock o heavy. Navega entre géneros como la ciencia ficción, la comedia, el cine negro y el western sin indios, en un único producto redondo hecho para el disfrute intergeneracional, sin importar la década.

Aunque no se exportó hasta entrado el s. XXI, *Family Guy* (*Padre de familia*, 1999) es uno de los últimos coletazos notables en televisión de finales de los noventa. Peter Griffin es el padre de familia en cuestión que, junto a Lois, se encarga del «cuidado» de sus hijos Meg, Chris y Stewie, además del perro Brian. Decimos «cuidado» porque la familia es en realidad bastante disfuncio-

nal; Peter es un padre irresponsable que fomenta el *bullying* sobre sus hijos y permite que Stewie pase los días planeando cómo conquistar el mundo con la compañía de Brian, el perro de la familia y miembro con más cabeza que ninguno, si no fuera porque bebe los vientos en secreto por Lois. Pero el elenco de personajes secundarios es tanto o más llamativo: Cleveland es el afroamericano amigo de Peter; Joe, el vecino policía y parapléjico; y Quagmire, un piloto de aerolíneas adicto al sexo, tan degenerado como depravado. La serie original es obra de Seth MacFarlane, quien, en unos cortometrajes anteriores, desarrolló a Larry y Steve, una versión prematura de lo que serían Peter y Brian. Posteriormente, la serie ha sido cancelada por la cadena Fox y recuperada a demanda de los espectadores en varias ocasiones. *Padre de familia* supuso un soplo de aire fresco entre los adolescentes que empezábamos a perder interés en *Los Simpson*.

Puede que, con la misma intención de ventilar la casa, Matt Groening, el creador de *Los Simpson*, lanzara *Futurama* (1999). Philip Fry es un repartidor de pizza que en 1999 es criogenizado por accidente para despertar en el año 3000 en la ciudad de Nueva Nueva York. En su búsqueda de un nuevo empleo, la asignación laboral obligatoria lo destina de nuevo a repartidor, pero esta vez termina contratado por Planet Express, una empresa de mensajería propiedad de un sobrino suyo. Así, Fry empieza sus repartos intergalácticos con la compañía de Leelaa, una mujer cíclope, y Bender, un robot metomentodo y cleptómano, dado a los problemas con el alcohol y el tabaco. Hay un genial abanico de personajes secundarios entre los que destacan el Dr. Zoidberg, una langosta que se considera experta en humanos pero que muestra una evidente carencia de conocimiento sobre su anatomía, o Zapp Brannigan, un alto

cargo aeroespacial presumido y narcisista, enamorado de Leela. *Futurama* es una vuelta de tuerca al humor mostrado en *Los Simpson* con una realización técnica que no habíamos visto todavía por aquel entonces, y un finísimo sentido del humor –negro, por supuesto–. Tan inesperada como impredecible, fue una gran sorpresa de finales de siglo.

CAPÍTULO 4

LOS LIBROS ANTES DE LA SAGA CREPÚSCULO...

Hay tres hábitos que como niños tuvimos que adquirir y por los que nuestros padres probablemente se desesperaron. El primero es el de comer verdura y pescado –en definitiva, el famoso «comer de todo»–; después vino el de lavarse los dientes; y en último lugar pero tan importante como los anteriores, el de la lectura. Pues al fin y al cabo, este es el alimento del cerebro, que estimula su crecimiento, la creatividad y la imaginación –queda claro que damos por asumido el hábito de ir solos al baño, ¿no?–. ¿Cómo hacer que un niño sienta interés por la lectura? Pues la respuesta es tan antigua como obvia: predicando con el ejemplo. Un niño empezará a leer si ve que sus padres leen por diversión e interés, jamás por obligación. De este modo, si nacimos a mediados de los ochenta y tuvimos la suerte de desarrollar este hábito a una temprana edad, asistimos a la publicación de novelas cumbre que se convirtieron en clásicos atemporales, aunque no fuéramos nosotros los que estuvieran en edad de leerlas. Gracias a nuestra familia lectora, tendríamos ocasión de hacerlo unos años más tarde y rendirles su merecida justicia poética –o retórica–. Y por si no fue este el caso, con esta selección, ¡todavía estamos a tiempo!

Palabras que hicieron historia(s)

PAUL AUSTER

La trilogía de Nueva York

ANAGRAMA
Panorama de narrativas

En los años ochenta y noventa se publicaron historias para adultos que acumularon un éxito sin precedentes, siendo algunas responsables de la notoriedad de sus autores. Uno de estos fue Paul Auster, quien con The New York Trilogy (*La trilogía de Nueva York*, 1987), se convirtió en un escritor de prestigio internacional. La obra es en realidad una antología de tres novelas breves que se habían publicado de forma independiente con anterioridad: *Ciudad de cristal*; *Fantasmas*; y *La habitación cerrada*. Escritores que se creen detectives privados; detectives privados que juegan al escondite; y amigos de la infancia desaparecidos, son el motor de tres relatos que se entrelazan para indagar en las consecuencias del azar y las interferencias entre casualidad y causalidad. Sobrevalorada o no, pero notoria en su tiempo, *La trilogía de Nueva York* es una noble ocasión para entrar en el universo de Paul Auster, un autor que nació en Nueva Jersey en 1947 y que se hizo con el Premio Príncipe de Asturias de las Letras en 2006. Este giro de tuerca del género policíaco es una de las novelas más memorables de los ochenta.

KEN FOLLETT

LOS PILARES DE LA TIERRA

DEBOLSILLO

Pero para memorable, la obra magna de Ken Follet, el autor británico vinculado al Partido Laborista de su país: The Pillars of the Earth (*Los Pilares de la Tierra*, 1989) es una novela histórica ambientada en el s. XII en Inglaterra que gira alrededor de la construcción de una catedral de estilo gótico. Protagonizada por Jack Builder, el libro arranca con la ejecución de un inocente y termina con la caída de un rey, todo ello en un intervalo de más de treinta años, el tiempo estimado que Jack tarda en alzar la catedral. *Los Pilares de la Tierra* fue una sorpresa para el público habitual de Ken Follet, pero

Los Pilares de la Tierra, del libro a la pequeña pantalla.

también para su editorial, que desconfió del éxito que alcanzaría esta obra de más de mil páginas, y sin embargo es la obra más notoria del escritor habituado al género thriller, y primera parte de una trilogía. Adaptado a mini-serie de televisión en 2010, este libro fue uno de los que vimos por casa a principios de los noventa.

Precisamente en ese periodo fue cuando se presentó Bret Easton Ellis armando ruido con la publicación –en su segundo intento– de *American Psycho* (1991). La novela presenta a Patrick Bateman, un yuppie de veintitantos, materialista y carente en valores, acostumbrado a poseer todo lo que se propone, y mucho más preocupado en combinar traje con zapatos que en la vida de una persona. La acción transcurre en Manhattan y narra cómo Bateman cultiva su cuerpo y su paladar con caros productos de belleza y manjares de vanguardia, mientras asesina a prostitutas, mendigos, homosexuales o niños. La primera editorial responsable de su publicación dio marcha atrás en cuanto leyó el manuscrito por los escabrosos detalles con los que se describen los crímenes, tachando a Ellis de misógino y perturbado. El libro se abrió camino para ser vilipendiado por críticos

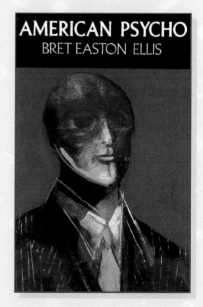

y la opinión pública en general, sin embargo, fue un fenómeno bien acogido por los jóvenes norteamericanos de la Generación X, que lo vieron como una crítica al modelo de vida norteamericano. Casi diez años después, su adaptación al cine protagonizada por Christian Bale, nos acercó el libro a los adolescentes de entonces para encumbrarlo como libro de culto.

Igualmente sórdido es el ensayo que nos planteó el portugués José Saramago, *Ensaio sobre a cegueira* (*Ensayo sobre la ceguera*, 1995): una extraña enfermedad aparece de forma repentina dejando a la sociedad ciega sin motivo ni explicación aparente. A partir de aquí, todo aquel que se cruza con la

víctima se contagia, para no ver más que una neblina blanca; todo aquel, salvo la esposa de un médico, que se hará pasar por ciega para no separarse de su marido cuando es recluido en un centro psiquiátrico junto a otros invidentes. Allí se destapan las peores conductas de la sociedad, los bajos fondos de la carencia de empatía que Saramago puso sobre la mesa para criticar una sociedad podrida y egoísta. Cuando la mujer logra sacar al grupo al exterior, la ciudad entera se ha quedado ciega y es dominada por el caos, lo que convierte el sobrevivir en la máxima prioridad. Finalmente, la ceguera desaparece sin motivo aparente –tal y como vino– para evidenciar lo muy bajo que hemos caído como sociedad. Tan sórdida como recomendable, y de largo superior a su adaptación al cine, *Blindness* (*A ciegas*, 2008).

1995 fue también el año en que Nick Hornby se quitó de encima la etiqueta de Peter Pan con el lanzamiento de *High Fidelity* (*Alta Fidelidad*). Rob Fleming es el alter ego del escritor en esta novela sobre música y relaciones personales, sobre recopilaciones grabadas en cintas de casete, sobre listas de «Top 5», y sobre el cierre de etapas vitales e inicio de otras, en la que el protagonista regenta una tienda de discos donde solo vende los que le gustan. Cuando Laura, la novia de Rob, rompe con él por su incapacidad para el compromiso, Rob se dedica a llamar a sus exnovias para descubrir que todas han pasado página. Finalmente, reconoce su tendencia a cometer siempre los mismos errores con las mujeres, y comprende que, aunque la vida no parece tan emocionante como la fantasía, es lo único real. *Alta Fidelidad* es la novela de mayor éxito de Hornby, un relato para adultos con cierto aire juvenil, tan humano como divertido; un libro imprescindible para todo aficionado a la música –y a las relaciones personales– en su veintena. En el año 2000, se adaptó al cine con John Cusack en el papel de Rob y Jack White en el de Barry, su amigo y compañero en la tienda de discos.

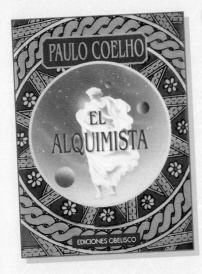

De infantiles, juveniles y adolescentes

Si bien, los libros anteriores quedaban fuera de nuestro alcance siendo niños, tuvimos la suerte de coincidir con otras publicaciones que sí pudimos leer como infantes, juveniles, o adolescentes aficionados a la lectura. Uno perteneciente a este último bloque es la novela del brasileño Paulo Coelho, *O Alquimista* (*El Alquimista*, 1988): un pastor tiene el mismo sueño de forma recurrente, así que acude a una bruja para que le ayude a descifrarlo. La respuesta parece no gustarle hasta que conoce a un anciano que le sugiere emprender un viaje en busca de un tesoro por el norte de África. Pero este viaje resulta ser tanto exterior como interior, y *El Alquimista* se acaba convirtiendo en un relato sobre perseguir nuestros sueños, el azar y el interpretar señales, que bebe de obras anteriores como *Le Petit Prince* (*El Principito*, 1943) o *Siddhartha* (1922) –con mucha menor fortuna–, pero con forma de cuento de *Las mil y una noches*. Perseguir nuestro destino, y el lema de «cuando realmente quieres que algo suceda, el Universo entero conspira para que se vuelva realidad» que ya hemos encontrado en otros libros de autoayuda, pero más edulcorado. Puede que tardáramos diez o doce años en leerlo, y que sus lecciones no estuvieran al nivel de las de Hesse, pero no puede ser considerado un libro menor.

Niños éramos al leer *Matilda* (1988), un texto del autor galés de origen noruego, Roald Dahl. Dahl, que unos pocos años atrás había escrito *The Witches* (*Las Brujas*, 1983) y *George's Marvellous Medecine*, (*La maravillosa medicina de Jorge*, 1981), sumó a su carrera de relatos infantiles esta historia protagonizada por una niña que con menos de cinco años ya tiene más que asumido el hábito de la lectura. Y no es gracias a sus padres, que se esmeran en hacerla ver la televisión y callar. Matilda solo encuentra comprensión en su profesora del colegio, la señorita Honey que, debido a su

inteligencia superior, propone subirla de curso, pero la horrible directora del colegio se niega. Por suerte, Matilda descubre que tiene poderes telequinéticos y los utiliza para conseguir que la directora deje de maltratar a los niños. Como en muchos de los cuentos infantiles de Dahl, un/a niño/a es el protagonista que se enfrenta a horribles adultos con el fin de ayudar a otros, y para ello, siempre cuenta con la ayuda de un adulto bueno dispuesto a echarle un cable. *Matilda* se adaptó al cine de la mano de Danny DeVito con irregular fortuna, pero tanto este cuento como mayor parte de la obra infantil de Dahl, son lecturas imprescindibles a una temprana edad, y por la que pasamos muchos niños nacidos en los ochenta. ¿Nuestra recomendación? *La maravillosa medicina de Jorge.*

De nuevo en la adolescencia, seguro que más de uno acabamos hartos de ver un libro grueso y amarillo correteando por casa, con un panteón en la portada. Hasta que un buen día, quizá interesados ya en materia filosófica, con las cavilaciones propias de la edad, lo abrimos e iniciamos su lectura; así llegamos a *Sofies verden* (*El mundo de Sofía*, 1991), la novela más popular del autor noruego, Jostein Gaarder. Sofía es una joven a punto de cumplir quince años, que un día encuentra una carta anónima en el buzón, con dos preguntas: «¿Quién eres?» y «¿De dónde vienes?». A partir de aquí, Sofía inicia un curso filosófico por correspondencia que hace cómplice al lector, en uno de los mejores libros académicos camuflados de novela. Es un libro que perdura en la memoria, y que si por aquel entonces éramos un adolescente que se formulaba una o dos preguntas de más, nos atrapaba para no soltarnos hasta pasar la última página. *El mundo de Sofía* de Gaarder se convirtió en un auténtico superventas, y como no podía ser de otro modo, también se adaptó al cine; en este caso, de la mano del noruego Erik Gustavson en 1999.

Sin embargo, unos años atrás nos hacíamos otro tipo de preguntas que tenían que ver con si el personaje principal de nuestro libro de la colección *Goosebumps* (*Pesadillas*, 1992) sobreviviría. R. L. Stine creó esta colección de libros de terror y ciencia ficción para el público juvenil; eran libros breves con atractivas y coloridas portadas ilustradas que devorábamos en pocos días, y que tenían la ventaja de que podíamos intercambiarlos con compañeros de clase como los cromos. Todos compartían la particularidad de la palabra «Pesadillas» escrita con una sustancia mucosa y chorreante, que brillaba en la oscuridad, y se acompañaban de una frase breve a modo de eslogan publicitario y terrorífico. *Un día en Horrorlandia*, *La máscara maldita*, *Sangre de monstruo* o *La noche del muñeco viviente* son algunos ejemplos, todos con niños como protagonistas, involucrados en situaciones terroríficas o surrealistas, al uso de un *Historias de la Cripta* infantilizado. Además, como en el famoso cómic y serie del Guardián de la Cripta, los libros de la colección *Pesadillas* se caracterizaban por tener un impredecible giro final que nos dejaba en ascuas, a veces esperando una probable secuela, y otras demostrándonos que el final feliz que nos habían hecho creer, no era sino mentira; dulce y gustosa, pero un engaño al fin y al cabo. La colección juvenil se adaptó a serie de televisión, y mucho más recientemente al cine.

Aunque la mayoría de estos libros, ya sean infantiles, juveniles o para adultos, han sido llevados de una forma u otra a la pantalla, ninguna de estas adaptaciones sacudió el mundo como lo hizo J. K. Rowling con la publicación de *Harry Potter and the Philosopher's Stone* (*Harry Potter y la Piedra Filosofal*, 1997). El primer volumen de las historias del niño mago fue el debut literario de la autora británica, rechazado por varias editoriales que hoy todavía

se estarán dando de cabeza contra la pared. Harry es un niño que vive en casa de sus tíos, una familia que no le tiene en estima, cuando al cumplir once años empieza a recibir cartas de un remitente desconocido. Este arranque poco prometedor que nos recuerda a *Matilda* y a *El mundo de Sofía*, cambia cuando se descubre que las misivas vienen del colegio para magos, Hogwarts. Entonces se descubre que Harry es un mago en potencia como sus padres, que fueron asesinados por Voldemort, el mismo que le hizo esa cicatriz en la frente. Ahora es momento de que Harry ingrese en la escuela para magos, se convierta en un hechicero muy poderoso e inicie su cruzada para acabar con el temible Voldemort. Con este arranque, varios colectivos religiosos criticaron la obra de Rowling por enaltecer la brujería, pero lo cierto es que a Hollywood pareció no importarle, y su adaptación cinematográfica de 2001 se convirtió en una de las películas más taquilleras de la historia.

Cuando el tebeo se hizo cómic

Podemos comprobar que el cine tanto de finales de siglo, como el de principios, se ha nutrido de la literatura con tal de intentar asegurarse el éxito de taquilla, pero no es la única fuente de grandes historias para el séptimo arte. Tratar el tebeo tradicional, –o «cómic», como lo conocimos nosotros– de un formato para niños es uno de los grandes prejuicios que caen por su propio peso. Además, tampoco tiene sentido comparar el atractivo visual que tiene un cómic frente al –también brillante pero más monótono– aspecto del libro, ¿verdad?

En los ochenta y noventa fuimos testigos de surgimiento de algunos de los mejores cómics de todos los tiempos. Uno de estos, fue *Watchmen* (1986), el cómic de superhéroes creado por Alan Moore para DC Comics. Pero estos no son superhéroes al uso, puesto que solo uno de ellos –Dr Manhattan– tiene poderes como tal, y porque la obra se recrea en la vertiente más realista y personal de sus personajes en una crítica al sistema norteamericano. La obra plantea cómo EE.UU. creó la figura de unos «vigilantes» anónimos con capa, antifaz y una gran campaña de publicidad para ganar el pulso a la Unión Soviética en la Guerra Fría. Todo va viento en popa para los superhéroes, algunos de los cuales empiezan a mostrar conductas inmorales que los vuelven impopulares. Pero todo cambia en los setenta, cuando el gobierno prohíbe su existencia, y unos años más tarde, algunos de estos son asesinados. Rorschach, héroe en la clandestinidad investiga los crímenes para descubrir lo que considera un complot con el fin de acabar con ellos, y decide alertar a sus antiguos compañeros. Con el «smiley» de El Comediante manchado de sangre como punto de partida, *Watchmen* trata de responder con inteligencia al dilema «¿quién vigila a los vigilantes?».

Visualmente impecable fue también la adaptación cinematográfica de *Sin City* (1991), obra de Frank Miller, uno de los autores más influyentes de la década de los noventa. Miller, que venía de actualizar la serie de Batman con *The Dark Knight Returns* (*El regreso del caballero oscuro*, 1986), presentó esta serie de historias independientes que tienen lugar en Basin City, conocida como Sin City –«Ciudad del Pecado»–. Para ello, recurrió al género negro, regresó al blanco y negro, y se nutrió de desnudos y escenas violentas, todo ello rasgos característicos impopulares en el momento. Con todo, logró la creación de

Por si quedaran escépticos rezagados sobre la importancia del cómic como formato óptimo para contar historias, el cine se ha encargado de hacer de estas, un maravilloso consumo de masas. *Watchmen* se trasladó a la pantalla en 2009, mezcla de ficción con eventos históricos al estilo de *Forrest Gump* pero con antifaces, capas y un gigante azul con nombre de barrio neoyorquino. *Sin City* se trasladó a la gran pantalla en 2005 de la mano de Robert Rodríguez y Quentin Tarantino, originando una de las mejores reinterpretaciones modernas del género policíaco –aunque su secuela fue un gran «bluf»–.

Deadpool se adaptó al cine en 2016 –y en este caso la secuela fue más que decente–, y de *300* todos conocemos su éxito visual sin precedentes. En cuanto a *Spawn*... digamos que su adaptación de 1997 pinchó rueda pese a nuestra expectación, y ahora somos nosotros los escépticos ante la que cuentan que se está preparando.

un universo propio con ayuda de personajes con mucha personalidad que se entrecruzan, protagonizando sus propias historias y siendo secundarios en otras; y también con el uso de espacios recurrentes, como el gueto de prostitutas donde ni la policía se atreve a entrar, o la taberna donde baila la atractiva Nancy. Miller utiliza el color como un recurso distintivo para destacar cualidades en sus personajes y aunque el guión de las historias es a menudo irregular, el primer tomo de la colección es uno de los mejores estandartes del sacrificio heroico.

Un año después de tomar buena nota de Frank Miller, conocimos a Todd McFarlane con su personaje *Spawn* (1992), la viva –muerta– forma del antihéroe de los noventa. Al Simmons era el nombre detrás de la figura de Spawn, un implacable asesino sin escrúpulos que trabaja para la CIA cuando su jefe ordena a un compañero que lo asesine. Por sus actos en vida, Simmons desciende al infierno y allí negocia con el diablo: regresará a la Tierra para ver a su esposa Wanda una última vez y a cambio comandará el ejército de las tinieblas. Pero de nuevo en la ciudad, Simmons descubre que han pasado cinco años desde su muerte y que Wanda ha tenido una hija con quien fue su mejor amigo. Enfurecido y convertido en un ser infernal, Simmons –ahora Spawn– se rebela contra el diablo y permanecerá en la Tierra tratando de conservar su humanidad. Pero el diablo no está dispuesto a dejarle marchar... Esta es la trama central de una de las historias de cómic que más atención captaron en los noventa, la que nos atrapó por su oscura estética que recordaba al género grunge y en particular a *El cuervo*, con un guión plagado de la emoción propia de un héroe atormentado, un asesino arrepentido en busca de su redención, y de personajes cruciales como un malvado demonio con apariencia de payaso. El universo que proponía Spawn originó incontables *spin off* que también nos cautivaron, siendo el más famoso *Sam & Twitch* (1992).

En el papel de antihéroe se basa también el personaje de Wade Winston Wilson, más conocido como *Deadpool* o *Masacre*. *Deadpool* inició su andadura como cómic regular en 1997 aunque su primera aparición data de febrero de 1991. El personaje que fue creado por el ilustrador Rob Liefeld y el guionista Fabian Nicieza, es uno de los más carismáticos del elenco de superhéroes de los noventa. A menudo tildado como «mercenario bocazas» por hablar y bromear demasiado, Deadpool suele romper la cuarta pared para diri-

Aunque eran 300, parecían muchos más...

girse al lector e incluso iniciar diálogos internos intrascendentales. Pero su mayor virtud no es la labia, sino su extrema agilidad y su capacidad regenerativa, además de ese sentido del humor entre Spiderman y Lobezno, los dos personajes que sirvieron de inspiración para su creación. Es con todo el héroe menos convencional de Marvel, con un pie en el bando de villanos y otro en el de héroes, moralmente ambiguo, sexualmente complejo y con muy mala memoria. Pero siempre recuerda que anda detrás de los que practicaron un cruel experimento con él.

El último gran cómic de la década nos devuelve a Frank Miller, autor de *300* (1998), retrato de la batalla de las Termópilas, donde trescientos soldados espartanos comandados por el rey Leónidas I, se enfrentaron al ejército persa de Jerjes. El cómic arranca con la visita de un emisario persa, que sugiere a Leónidas rendir pleitesía a su rey Jerjes I. Amablemente, Leónidas invita al emisario a buscar la salida de un pozo sin fondo, pero no logra convencer a las altas esferas religiosas para mandar a su ejército a la guerra. Por su cuenta, forma un escuadrón de trescientos hombres como «defensa personal» y sale al encuentro del ejército persa en el estrecho paso de las Termópilas. El desenlace es prácticamente conocido por todos, con Leónidas y sus hombres pereciendo, pero después de haber dado mucha guerra, y de recordarle al gran Jerjes, quien se cree una deidad, que es muy humano y sangra. *300* fue el cómic de su año y el que cerró la década en lo alto, convirtiéndose en un fenómeno de ventas en toda librería que se precie; lectura obligatoria de un adolescente de entonces, adulto de hoy.

CAPÍTULO 5

JUGUETES, JUEGOS DE MESA Y VIDEOJUEGOS ANTES DE LA PS4...

Los que fuimos niños a finales de los ochenta y principios de los noventa tuvimos la suerte de jugar con juguetes elaborados al detalle, pero no tanto como para requerir de una tableta para echar una partida. La imaginación no se quedaba sin pilas ni batería, el suelo de nuestra habitación –o la bañera, si lo requería la ocasión– era el campo de batalla y nuestras manos ponían la acción articulada. Y ni hablar del mal trago que suponía a nuestros mayores pedir el juguete de moda para Navidad en tiempos antes de Amazon. Vivimos la edad de oro de los juegos de mesa, pero también de los videojuegos, con el férreo duelo entre Nintendo y Sega, en el que siempre salía ganando el PC. Dimos la bienvenida a la primera videoconsola de Sony, la que puso el mundo patas arriba y echamos las primeras partidas *online* gracias a servidores como Battle.net y módems que parecían despegar hacia el espacio exterior cada vez que conectaban, y con los que hablar por teléfono a la vez era una utopía. Seguro que, si fuiste niño a principios de los noventa, te invadirá la nostalgia con estos juguetes, juegos de mesa y videojuegos que llenaron nuestro tiempo de entretenimiento, que con los años se ha convertido en recuerdos...

Si nacimos en los ochenta, tenemos bastantes números para que el primer juguete que nos cautivó no fuera una figura de acción, sino el primer escenario para jugar que se puso a la venta. Aunque en EE.UU. se lanzó al mercado en 1982, en países como España no se podría pedir a Papá Noel hasta en 1985; por tres mil doscientas pesetas (unos veinte euros) –según el catálogo de Pryca de la época–, Papá Noel podía convertirnos en los niños más felices del planeta gracias al *Castillo de Graysull* de Mattel, el lugar por el que se debatían las fuerzas del bien y del mal en *Masters del Universo*. Formado de rocas mohosas, la fachada era una calavera gigante con la mandíbula como puente elevadizo, y en su interior encontrábamos un elevador, un expositor de armas y el anhelado trono con una trampilla para todo aquel que quisiera arrebatárselo a su legítimo dueño, quien en nuestras partidas interminables era siempre He-man. Pero es que lejos de quedar desamparado, Skeletor tenía el suyo propio, el *Castillo de la serpiente* que, todo sea dicho, era mucho más atractivo, con su puente flotante, su cueva, su serpiente gigante y una criatura indeterminada esculpida en la pared. Cuántas horas por el suelo –sobre una alfombra en el mejor de los casos– creando historias con los mismos puntos de giro, en las que He-man recuperaba su trono y Skeletor regresaba a su montaña defenestrado para terminar devorado por su propia serpiente...

Otro espacio de recreo para los afortunados que pudiéramos disfrutar de una, era la bañera. Entre sus innumerables virtudes, se encontraba el servir de escenario para naufragios, abordajes y viajes transatlánticos del *Barco Pirata de Playmobil*. «El barco pirata más temido de esta era», nos cantaba la canción del anuncio de 1991, cuando el barco se actualizó después de existir en el mercado desde 1978, siendo el primer set de la historia de Playmobil. Todavía hoy es un clásico de las estanterías de juguetes de medio mundo. Loros, cañones, patas de palo, parches en el ojo y tesoros llenos de oro para los avaros

El Castillo de Grayskull, nuestro soñado palacete de soltero.

piratas, que años después tuvieron que dedicarse a huir del barco «de los buenos», una sosa goleta inglesa plagada de marineros. Pero no, a nosotros nos iban los piratas del caribe mucho antes que Johnny Depp los pusiera de moda, y si tenían la particularidad de incluir ruedas en la base para continuar la partida una vez la hora del baño se había terminado, mucho mejor.

¿Y qué hay de cuando lo que se terminaba era el fin de semana? Pues que volvíamos al colegio, y con nosotros en el bolsillo los juguetes de *Mighty Max*: cabezas de monstruos y seres horrendos que desplegabas para descubrir un escenario del universo *Mighty Max*, un chaval con gorra de béisbol y una iguana como mascota. En cada escenario se incluían dos o tres figuras diminutas que fácilmente podías perder, pero también trasladar a cualquier otra cabeza desplegable, las mismas que podías intercambiar con amigos durante unos días. La compañía responsable de estos juguetes era Bluebird Toys, la misma

que años atrás había triunfado con los *Polly Pocket* con los que jugaban la mayoría de niñas. En realidad, las figuras de *Mighty Max* eran la réplica de la propia compañía a su exitosa línea de muñecas, en versión niño. Hoy, todos estos juguetes serían impensables, pero en 1992 no se valoraba la fácil ingesta de las diminutas figuras de plástico. *Mighty Max* y sus escenarios portables fueron un éxito tal que se adaptaron a la televisión, como se hiciera años atrás con *Masters del universo*; serie que, por supuesto, también veíamos.

El regalo que trajo de cabeza a Papá Noel y a los Reyes Magos juntos, bien podía ser una ampliación del diminuto universo de *Mighty Max*, puesto que también se trataba de un escenario y de figuras minúsculas. La línea de juguetes *Micro Machines* exportó en 1995 un juguete que llevaba tres años triunfando en el mercado norteamericano: la *Super Van City* era una furgoneta de gran tamaño que se abría como un desplegable para descubrirnos una ciudad con aires a San Francisco por la que podíamos imaginar persecuciones de vehículos a toda velocidad que ya quisiera la saga *Fast & Furious*. Un aeropuerto, una gasolinera con túnel de lavado, comisaría, un puente levadizo, una colina y una lanzadera de carreras eran algunos de los atractivos turísticos que nos brindaba esta ciudad portátil con forma de furgoneta. *Super Van City* se agotó absolutamente en todos los establecimientos especializados en las Navidades de 1995, hasta el punto que más de un Papá Noel se temió lo peor. Por suerte, sus habilidades mágicas le permitieron siempre salirse con la suya, aunque fuera sobre la bocina.

Pero no siempre jugábamos solos, también lo hacíamos sentados a la mesa con familia y amigos, y en tal caso, los juegos de mesa eran siempre la mejor opción. Uno de los tableros que más nos cautivó, aunque fuera por sus características tridimensionales, fue el de *Hotel*. El juego se lanzó originalmente en 1986, y aunque tenía el objetivo de imponerse a nuestros contrincantes a base de ganar dinero, *Hotel* brillaba con la personalidad propia suficiente para diferenciarse de otro clásico, el *Monopoly*. El tablero era una carretera de algún tipo de ciudad hotelera por la que nos movíamos, llevándonos de paseo por distintos complejos hoteleros de lujo, todos ellos recreando famosos hoteles reales. En cada turno podíamos escoger entre comprar e invertir, y por supuesto, pagar a nuestros contrincantes cuando nuestra ficha caía en uno de sus hoteles para pasar la noche. *Hotel* se convirtió en un clásico de las finanzas caseras por méritos propios, aunque a temprana edad, nuestra mayor diversión fuera montar cada edificio de cartón con su soporte de plástico.

Quizá el juego de mesa más televisivo llegara en 1992, de la mano de un anuncio de televisión que al menos en España se dobló con la famosa frase «aceptamos barco...», a la que el protagonista respondía «¿como animal acuático?». *Scattergories* era un juego de mesa en que a cada turno tocaba pensar palabras que se iniciaran con una letra, del tipo del segundo gag del anuncio: «Comenzando con P, un animal de compañía», y responde «Un pulpo...». La campaña publicitaria causó sensación y no hubo quien no repitiera las famosas

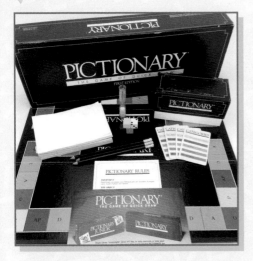

líneas de diálogo, ni casa en la que no hubiera una caja roja de *Scattergories*, o amarilla en su versión Júnior. Era una especie de versión lingüística de otro clásico de la época, el *Pictionary*, que viene causando sensación desde 1985. Ambos juegos no podían faltar en la estantería de cualquier núcleo familiar, y garantizaban horas de diversión alrededor del tablero, aunque fuera con papel y lápiz, dos herramientas a las que por aquel entonces sacamos más partido con estos juegos de mesa que en el colegio.

El que sacó partido a nuestra imaginación más que al papel y lápiz –que, por otra parte, también lo requería–, fue el fantástico *HeroQuest*, nuestra puerta de entrada al universo de Games Workshop. *HeroQuest* se lanzó en 1989 también con una magnífica campaña de publicidad que incluía bárbaros, enanos y orcos. Uno de los jugadores era necesariamente el «máster» de

la partida, quien narraba el juego, mientras el resto encarnábamos personajes fantásticos para recorrer pasillos y salas de una mazmorra subterránea sin saber qué horribles criaturas nos estaban esperando: orcos, goblins, zombies, no-muertos y una gárgola... todos ellos figuras de plástico que podíamos pintar, como el attrezzo que decoraba las habitaciones. Directamente influido por *Dungeons & Dragons*, este fue nuestro primer contacto con los juegos de rol en alma, hasta que unos años más tarde nos zambulliríamos de lleno en el universo de las figuras –ahora de plomo– de Games Workshop con *Warhammer*

Hora de tomar cartas —Magic— en el asunto.

y su revista *White Dwarf*, con el enano de *HeroQuest* en la portada de su número 1 en España. Fichas de personaje, dados, y mucha imaginación, eran todo lo necesario para hacer de una partida el mejor plan del fin de semana.

Una versión más adulta de los juegos de rol fue la que conocimos a mediados de los noventa a través de las cartas *Magic the Gathering*. Aquí ya no hacía falta el papel ni el *boli*, ni siquiera los dados, «solo» un mazo de cartas cuidadosamente confeccionado para encarnar un mago enfrentándose a muerte con sus semejantes; y decimos «solo» puesto que si algo tenían las cartas de *Magic* es que eran rematadamente caras, casi inaccesibles para un joven que se propusiera entrar en este universo de forma prematura. Generalmente empezábamos con un mazo preconstruido de sesenta cartas para después dar forma al nuestro personal a base del intercambio, la compra-venta, o el ir adquiriendo sobres donde difícilmente encontraríamos por sorpresa el tan anhelado «Black Lotus». Para ello, hacía falta escoger el color –o colores– que más nos representaba entre los cinco que había, y así confeccionar nuestro mazo lo más versátil o especializado que quisiéramos, pero más nos valía que fuera poderoso. No nos engañemos, la mayoría terminamos coleccionando las cartas para alimentar nuestra imaginación con sus textos y las ilustraciones fantásticas, pero el gusanillo de abrir un sobre sorpresa y encontrarnos un «Black Lotus» sigue estando allí.

La tecnología tampoco estuvo al margen de nuestra infancia más allá de los juegos de ordenador –por cierto, que *Magic* también se adaptó a este formato–, a través de pequeños artilugios de importación que originaron fiebres peores que la peste negra. El del *Tamagotchi* fue el caso más sonado, una mascota virtual que Bandai se dedicó a vender como churros en 1997. No dejaba de ser un llavero con forma de huevo y tres botones, con una pantalla donde había tantos píxeles como dedos tienes por todo tu cuerpo que daban forma a una mascota que nacía como un mojón rompiendo el cascarón. El *Tamagotchi* protagonizó una revolución tal a la hora del recreo que haría que Justin Bieber se ruborizara, y cuando se moría por falta de atención –alimentarle, asearle y jugar con él– el disgusto podía alcanzar una magnitud insospechada, hasta que no aprendimos a reiniciarlo. Se le podía llegar a coger mucho cariño a cuatro píxeles, mientras desatendíamos al perro de la familia que se pirraba por jugar con nosotros. Puede que tengamos un recuerdo entrañable del *Tamagotchi*, pero si lo pensamos fríamente, este pudo ser el principio de la decadencia del entretenimiento.

Pero para tétrico, el inesperado éxito que alcanzó el *Furby*, una criatura remotamente inspirada en el Gizmo de los *Gremlins*, o una versión «oso amoroso» de los Critters. Los *Furby* causaron un furor inicial, pero era con el tiempo que alcanzaban su máximo esplendor: aunque al principio solo hablaban «furbish», su idioma natal, el juguete estaba dotado de una inteligencia artificial básica con la que simulaba aprender a comunicarse con su propietario a base de ir adquiriendo palabras a través de la imitación, y a medida que daban forma a su personalidad y carácter en función del trato que recibía –huelga decir que también había que alimentarlos–. Además, si ponías dos furbys frente a frente, podían comunicarse a través de un puerto infrarrojo, como si de dos

En 2002 Mattel relanzó la marca para niños de *Masters del Universo*, pero tanto las figuras como los dibujos actualizados fueron un fracaso –el nuevo *Castillo de Grayskull* era más pequeño que el original y bastante más caro–. Años más tarde, enterados de cómo las figuras originales se habían convertido en objeto de deseo y coleccionismo, apareció la colección *Masters del Universo Classics*, orientada no a niños, sino a adultos que en su día disfrutamos de las figuras originales, con la esperanza de que, con nostalgia y dinero en los bolsillos, volviéramos a pasar por el aro. El mejor detalle fue que la caja del *Castillo de Grayskull* era un calco de la caja original, pero donde entonces aparecía un niño con el juguete, ahora salía el mismo niño, pero con treinta años más; por supuesto, con la misma cara de satisfacción.

espías se tratara en una transacción de información hipersecreta –incluso hubo oficinas que prohibieron su entrada–. No sé si rodaban por el suelo, pero lo cierto es que estas criaturas de las que por suerte pudimos huir sin mantenernos al margen de su existencia, coparon los catálogos de juguetes a partir de 1998 y todavía hoy siguen apareciendo en generaciones posteriores con nuevas habilidades adquiridas. Más de un hacker ha conseguido reprogramarlo para sus intereses; quién sabe si alguno de ellos hará horas extra trabajando para WikiLeaks.

Más horas de diversión: duelo a muerte entre Nintendo y Sega

Algo que caracteriza a la generación nacida en los ochenta y crecida en los noventa, es que asistimos, precisamente, al nacimiento y crecimiento de las videoconsolas. Aunque hoy son un clásico junto al televisor en la mayoría de hogares, hubo una época en la que lo único parecido que podíamos encontrar en casa de los más afortunados era un Commodore, una Atari o un MSX, todos ellos microordenadores con funciones básicas –calculadora, procesador de textos–, que en algunas versiones permitían la inclusión de videojuegos que, en un principio funcionaban con casetes que había que rebobinar. En modelos posteriores de los mismos se introdujo el cartucho, primer soporte que nos permitió jugar al *Metal Gear* (1987) original sin ser conscientes de lo que supondría la saga años después. Pero lo que realmente alborotó el sector, o más bien, lo creó, fue la apuesta por los videojuegos de dos grandes compañías niponas: Nintendo y Sega, las que revolucionarían el ocio juvenil.

Entre 1986 y 1988 llegaron a Europa las primeras videoconsolas, responsables de que los videojuegos se escaparan del ordenador. Sega se estrenó con Master System, una consola de 8 bits que tuvo gran éxito en el continente europeo, pero sobre todo en Brasil, país que gracias a sus ventas permitió a la compañía desarrollar el modelo posterior. El cartucho era el soporte para sus videojuegos, entre los que destacaba *Alex Kidd in Miracle World* (1987), un plataformas brillante cuyo protagonista fue la primera mascota de la compañía. Pese a todo, Master System jamás superó en Japón a su competidora –también de 8 bits–, la NES de Nintendo.

Aunque los catálogos de juguetes la anunciaron antes de hora, la NES no llegó a España hasta 1988, cinco años después de su lanzamiento en Japón. La consola de Nintendo barrió a Sega en su país natal gracias al talento del gran Miyamoto, artífice de sus principales personajes, como Link, protagonista de *The Legend of Zelda* (1986) o el fontanero rechoncho *Mario Bros* (1987). Ambas videoconsolas se podían comprar por un precio alrededor de las veinticinco mil pesetas (unos ciento cincuenta euros de hoy) y tuvieron una esperanza de vida de casi diez años.

Más económicas fueron sus versiones portátiles. Nintendo lanzó en Japón a finales de los ochenta la Game Boy, mientras Sega respondió en los noventa con la Game Gear. Ambas lucharon por hacerse un hueco en nuestro bolsillo aun con formas y videojuegos totalmente distintos. La Game Boy apostó por una forma vertical y una pantalla en blanco y negro, mientras que la Game Gear quiso seguir con el modelo de los mandos tradicionales, es decir, una forma horizontal y pantalla a color. Esta era más grande y aparatosa –en cualquier caso, meterse cualquiera de las dos en el bolsillo de un pantalón convencional era ardua tarea–, pero el catálogo de videojuegos fue lo que le hizo un flaco favor; tecnológicamente superior, la Game Gear jamás llegó a ofrecer joyas como el *Tetris* (1989), videojuego que acompañaba a la consola de Nintendo, además de seguir alimentando sus sagas sobre *Super Mario* y *Zelda*. Además, la pantalla a color de Game Gear se comía los paquetes de pilas de seis en seis, por lo que rápidamente se quedó atrás con la triste –pero excelente– saga de *Sonic*, mientras Game Boy siguió creciendo con nuevas y exitosas sagas muchos años después como *Pokémon*, así como con infinitas revisiones del aparato.

Con el arranque de los noventa, se produjo la primera edad de oro de la videoconsola de sobremesa, y una circunstancia inaudita: Nintendo y Sega lanzaron al mercado europeo sus sucesoras de 16 bits –una revolución por entonces–, que sin embargo no reemplazaron a las anteriores Nes y Master System, sino que aportaron surtido y valor. Ambas generaciones coexistieron y compitieron en ventas, puesto que no primaba la tecnología punta, sino la calidad y cantidad de los videojuegos –y cuáles estaban disponibles para alquilar en el videoclub–. La primera en llegar a Europa fue la Mega Drive de Sega, la videoconsola negra que encumbró como mascota de la compañía a *Sonic*, el erizo azul. Con Mega Drive, Sega logró arrebatarle a Nintendo el poder sobre el continente norteamericano durante unos años, además de vencer nuevamente en Europa y Brasil con la saga *Sonic*, *Altered Beast* (1988), *Golden Axe* (1989), *Mickey Mouse Castle of Illusion* (1990), *Earthworm Jim* (1994), *Streets of Rage II* (1992), o el juego de culto, *Flashback* (1992). Nintendo respondió con Super Nintendo dos años después, una plataforma cuadrada, grisácea por fuera pero superiormente colorida por dentro, que cautivó con la saga *Super Mario*, *Super Metroid* (1994), *F-Zero* (1990), el gran *Street Fighter II* (1992), o el intocable *Donkey Kong Country* (1995). Con precios prohibitivos como diez o doce mil pesetas por videojuego (unos ochenta euros), la opción más inteligente era decantarse por una videoconsola –cualquiera era una opción válida– y asegurarse que el hijo del vecino lo hacía por la otra; de esta forma podíamos disfrutar de la flor y nata de ambos catálogos con solo llamar al timbre.

Paralelamente a la gran batalla entre NES y Mega Drive se introdujo en el mercado, solo para exquisitos, la Neo Geo (1990), tanto en su versión arcade como videoconsola casera. La Neo Geo siempre fue vista como un objeto de lujo, desorbitadamente caro e inaccesible, además difícil de encontrar; era algo así como una leyenda urbana, una especie de niña de la curva que decían que existía, y sin embargo nunca vimos una en persona. Pero este no fue el único fenómeno paranormal que surgió, puesto que empezaron a aparecer videoconsolas que en lugar de NES se llamaban NASA, o en lugar de Master System, eran la Master Games. Así es como a principios de los noventa el mercado internacional se llenó de imitaciones, falsificaciones y consolas pirateadas que venían hiriendo al sector desde los ochenta en Japón. Con todo, el mercado entre Nintendo y Sega experimentó su debacle hasta 1996, años en los que Sega probó de introducir una ampliación a su Mega Drive a través del periférico Sega 32X, que la convertía en una videoconsola a cartuchos de 32 bits, o de la Sega MegaCD, que hacía la misma función con el CD como soporte, algo que también aplicó Neo Geo. Ninguna de las apuestas de Sega cuajó, como tampoco lo hizo su desorbitado precio europeo. Mientras tanto, Nintendo trató de introducir el CD en Super Nintendo a través de un acuerdo con Sony que no llegó a cuajar, ruptura a raíz de la cual la gigante nipona de tecnología de consumo decidió emprender su propia aventura en el sector de ocio doméstico.

Como resultado, Sega apostó por sacar una videoconsola única que fuera la suma total del conglomerado formado por la Mega Drive y los periféricos MegaCD y 32X que dio como resultado la Sega Saturn, lanzada al mercado americano y europeo en 1995. Con el objetivo de competir con la

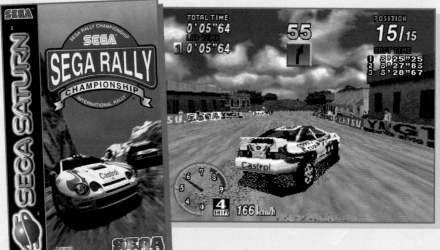

última versión de la consola de Atari y la última en llegar, la Sony Playstation, Sega puso sobre la mesa nuevas franquicias a base de polígonos entre las que destacó *Virtua Fighter 2* (1995), los *Sega Rally* (1995) o los *Virtua Cop* (1995). Saturn también permitía el juego en línea a través de Netlink, pero tan solo en EE.UU. y Japón, y a causa de sus escasas ventas, algunos de sus mejores videojuegos nunca llegaron a salir de la isla nipona. Nintendo fue más prudente y se rehízo de su desamor con Sony ratificándose en el cartucho, lanzando Nintendo 64 en 1996. La videoconsola doblaba a sus competidoras en bits, además de abrirse a algunos de los mejores *shooters* de la generación como *GoldenEye* (1997). Pero lo suyo seguían siendo las plataformas de *Super Mario* o los recién estrenados *Banjo-Kazooie*. Sin embargo, la joya de la corona de la consola de rara forma de Nintendo, fue la nueva aventura de Link, *The Legend of Zelda: Ocarina of Time* (1998). Aunque sirvió con dignidad, la siguiente consola de sobremesa de Nintendo funcionaría con CD.

Pero la historia dice que Sony se hizo cada vez más grande, y el año de su lanzamiento en el sector de las videoconsolas, no solo se comió el mercado y la generación, sino que casi lo hace con sus competidoras. Mientras Nintendo se dedicó a seguir exprimiendo sus sagas doradas e intocables, a revisar Game Boy, e investigar el mercado para lanzar una consola con forma de cubo ya en el nuevo milenio que les hizo más daño que bien, Sega se tomó al pie de la letra aquella máxima de morir matando. Dreamcast fue su última apuesta por el mercado de las videoconsolas. Con 128 bits, módem incorporado, un mando revolucionario que incluía tarjeta de memoria interactiva, y una estética fina y funcional, Dreamcast se lanzó en 1999 acompañada de un excelente catálogo de videojuegos: *Crazy Taxi*, *Soul Calibur*, *Jet Set Radio*, *Sonic Adventure*, *Virtua Tennis*, *House of the dead*, *Code Veronica* o *Shenmue*, eran todo joyas que igualaban o superaban a las mejores recreativas y que le devolvían el sentido a los exclusivos de Sega, algo que por tiempo se había quedado muy atrás respecto a Nintendo. Para el diseño de la videoconsola, Sega contó con Microsoft y miembros de IBM, prueba de su fuerte apuesta para recuperar el crédito perdido tras Saturn, que solo funcionó en Japón. Sin embargo, dos años después de su entrada en el mercado europeo, y en pleno auge de ventas, Sony anunció la futura Playstation 2, noticia que desvió la atención sobre Dreamcast en el mercado nipón. Poco después, y debido a conflictos internos, Sega anunció que se retiraba de la fabricación de hardware para dedicarse única y exclusivamente al desarrollo de videojuegos. Con la retirada de Sega, nuestra generación perdió un baluarte de nuestra infancia, pero quién sabe lo que se perdió el mundo de las videoconsolas. Por su parte, Nintendo se las ingeniaría para sobrevivir en el sector con la creación de nuevos mercados, mientras que Microsoft aplicó sus conocimientos adquiridos con Dreamcast para convertirse en la nueva competencia de Sony.

Playstation, el nacimiento de un gigante

Playstation se lanzó en Occidente a finales de 1995 como el fruto de la relación rota entre Sony y Nintendo en favor de una videoconsola que aprovechara el potencial del soporte CD. Ken Kutaragi, ingeniero de Sony y apasionado de los videojuegos, mantuvo viva la idea en el seno de Sony, que se mostró reacia a introducirse solitariamente en un mercado que apenas conocía. Derivaron el proyecto a Sony Music para curarse en salud, pero a finales de 1994, en cuanto la consola pisó el mercado nipón, se convirtió en un éxito inmediato. Sony había logrado producir una máquina potente que ofrecía un sinfín de posibilidades técnicas a los desarrolladores, además de muchas facilidades gracias a las características del CD. El usuario también resultó beneficiado puesto que Sony puso el

precio de venta de la consola por debajo de los gastos de fabricación, algo que dejó en evidencia a competidoras como Sega Saturn. En poco tiempo, Sony Computer Entertainment, la subdivisión de la marca creada en 1993 para darle soporte, representaba el 90% de ingresos de la compañía.

Pero Playstation ofrecía otras particularidades, como el guardado de partidas en tarjetas de memoria, o la facilidad para piratearla. Primero con la instalación de un discreto chip y después con el uso de un disco de arranque, bastaba con introducir un videojuego duplicado en una grabadora de CD, lo que disparó la venta de estos periféricos. Otra particularidad fue su mando revolucionario, que además de la habitual cruceta y cuatro botones –que introdujeron el concepto de equis, cuadrado, triángulo y círculo–, el mando incluía otros cuatro botones en la parte superior, lo que ofrecía nuevas posibilidades a los desarrolladores, que después se verían incrementadas con el *Dualshock* (1997). Sin embargo, el gran acierto de Playstation fue su catálogo de videojuegos exclusivos, con algunos de los mejores títulos que ha conocido el sector, y donde los multiplataforma salían siempre mejor parados que en la competencia. Además, Playstation pudo colgarse la medalla de haber iniciado sagas que se convirtieron en clásicas rápidamente.

Al poco de salir, la videoconsola mostró sus habilidades para replantear géneros que parecían inalterables. Con títulos como *Ridge Racer* (1994) o *Des-*

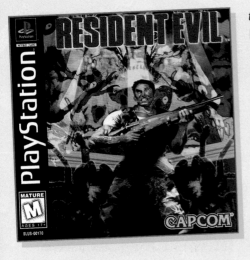

truction Derby (1995), aprendimos que los videojuegos de coches podían ser distintos, pero es que al año siguiente veríamos cómo el mundo de las aventuras e incluso el de las plataformas se ponía del revés. Lara Croft apareció en *Tomb Raider* (1996) para convertirse en la buscadora de tesoros oficial de los videojuegos, el mismo año en que conocimos al equipo Alpha formado por Chris Redfield, Jill Valentine, Barry Burton y Alan Wesker, perdidos en una mansión a las afueras de Raccoon City. *Resident Evil* (1996) inició sus andaduras para convertirse en un clásico del género *survival horror* que todavía hoy se reinventa después de unos años de saturación. Playstation también se diferenció de su competencia por no tener una mascota clara, aunque *Crash Bandicoot* (1996), el marsupial protagonista de la saga de juegos de plataformas, se merecía el puesto con sobradas credenciales por su originalidad y jugabilidad.

1997 fue un gran año para Playstation en el que se lanzaron otros tantos superventas: *Tekken 3* fue el último y mejor videojuego de la franquicia en salir para la videoconsola de Sony, que incluía por primera vez al carismático bailador de capoeira Eddy Gordo. *Grand Theft Auto* inició su paseo triunfal por el mundo de las videoconsolas con una visión cenital y unos gráficos en 2D en los que nuestro persona-

je era poco más que un botón amarillo caminando sobre el asfalto. Sus principales habilidades eran disparar y conducir coches, que eran vistos como una especie de *Micro Machines* con los que atropellar a colectivos de Hare Krishna que caminaban en fila india. *Grand Theft Auto* fue un videojuego sorprendente en el que daba la impresión de que podíamos hacer todo los que nos propusiéramos, cuando en realidad terminábamos siempre armando el pitote más grande posible para enfrentarnos a los tanques del ejército que salían a defender la ciudad. Este fue el inicio de una de las sagas que más ingresos ha generado al mundo de los videojuegos. Ese mismo año, conocimos otra saga a gran escala que tenía ya largo camino recorrido: *Final Fantasy VII* nos presentaba a Cloud junto al grupo eco-terrorista Avalancha, que terminaría enfrentándose a Sefirot en defensa del planeta. El juego que mostraba personajes poligonales sobre escenarios pre-renderizados, fue el responsable de popularizar los juegos de rol de estilo japonés en todo el planeta, además de un exclusivo que contribuyó al éxito de la plataforma. La banda sonora era soberbia, la acción por turnos, absorbente, pero lo mejor era un guión que te hacía sentir verdadero interés por la historia; un videojuego tan hermoso como imprescindible, al estilo de *Oddworld: Abe's Oddysee*: seres fantásticos increíbles, gráficos impresionantes, y una historia irónica pero aterradora. Abe es el personaje principal, un Mudokon de tantos que trabaja esclavizado en las Granjas Hostiles, procesadoras de carne. Hasta que un día descubre que los Glukkons, directores de la empresa, han agotado las existencias cárnicas y planean producir sus latas de conservas a base de Mudokons. Así emprendíamos una carrera por la supervivencia en la que podíamos escoger si huir solos o salvar a tantos Mudokons como pudiéramos, siempre evitando la amenaza de los

Slig, guardianes de las granjas, y de sus horribles mascotas, los Slogs. *Oddworld* era un derroche de imaginación que produjo una segunda parte pero que nunca superó la etiqueta psicológica de juego de culto. En la misma línea de originalidad, aunque por debajo, aparecería la figura de *Spyro the dragon* (1998) o *Medievil* (1998).

Por si quedaba alguna casa en la que no hubiera Playstation, 1998 fue el año de la culminación total de su éxito con el lanzamiento de dos superventas para el público más casual o deportivo. Aprovechando el Mundial de Francia '98, Electronic Arts lanzó *Fifa '98: Road to World Cup* con una agresiva campaña de publicidad y la pegadiza «Song 2» de Blur sonando sin cesar. Para la edición española reservaron a Raúl vestido con la camiseta de la selección, armando la pierna para chutar de volea; algo que no pudimos ver en la realidad, pues, aunque el videojuego fue un éxito, no podemos decir lo mismo del rumbo de la Selección a las órdenes de Javier Clemente –cayó eliminada en la fase de grupos–. Ese mismo año, Sony se encargó de revolucionar otro género en el que la innovación parecía más bien escasa; *Gran Turismo* (1998) mostraba un modo carrera en el que se nos permitía avanzar como piloto, primero sacándonos distintas licencias que nos abrían distintos campeonatos, y después compitiendo para acumular créditos –dinero–, que podíamos intercambiar por mejores coches con los que seguir compitiendo, y que por supuesto aparcábamos en nuestro garaje. Este modo «historia» introdujo a muchos no habituales en el género de la conducción, como también lo hizo *Driver* (1998), donde protagonizábamos una historia de mafia sin salir del vehículo.

La historia de Playstation es una historia de éxito que no paró de crecer mientras duró el recorrido de la videoconsola. En 1999, Capcom lanzó la segunda parte de *Resident Evil*, uno de los primeros juegos para la plataforma en lanzarse en dos discos, y saga a la que rápidamente le salió competencia en el género del *survival horror*. Konami, acostumbrada a competir con Electronic Arts por el trono del fútbol con su saga *International Superstar Soccer*, se lanzó al terror con

Por algún motivo, las enfermeras de Silent Hill no parecían querer ayudarnos.

Silent Hill (1999), una aventura que transcurría en un pueblo fantasmagórico donde llovía ceniza, y que hacía poner los pelos de punta como nunca lo consiguió la franquicia de Capcom. La propia Capcom trató de cubrir mercado con *Dino Crisis* (1998), introduciendo a los dinosaurios como una variable nueva en la ecuación del género, alejados de los zombis y seres infernales. Pero el juego definitivo de la consola antes de despedir el milenio, quizá el último exclusivo responsable de haber disparado las ventas de la plataforma cerca de su fin de ciclo, fue *Metal Gear Solid* (1999), el videojuego de infiltración de Konami en el que encarnábamos a Solid Snake. Con el único apoyo vía radio del coronel Roy Campbell y de la enfermera Naomi Hunter, Snake se infiltra en una base de armas nucleares para acabar con FOXHOUND, una unidad de fuerzas especiales cuyos miembros han sido genéticamente mejorados. Así nos enfrentamos a miembros carismáticos como Revolver Ocelot, Psycho Mantis, Sniper Wolf o Liquid Snake, líder de los terroristas. Absorbente, emotivo y gráficamente espectacular, *Metal Gear Solid* fue la cresta de la videoconsola de Sony en cuanto a experiencia narrativa y visual; una experiencia vital que nos marcó por siempre, iniciándonos –a los que no lo habían hecho ya con el *Metal Gear* original– en una especial relación con su creador Hideo Kojima.

El PC como fuente de todavía más diversión

Si del fútbol se dice que es un deporte que inventaron los ingleses en el que juegan once contra once y siempre gana Alemania, sobre los videojuegos podríamos decir por aquel entonces que era un sector que inventaron los japoneses, en el que competían Sony contra Nintendo y siempre ganaba el PC. Técnicamente más potentes, el PC contaba con la baza de que su hardware se iba actualizando a un ritmo vertiginoso en comparación con el ciclo de las videoconsolas, y además era el soporte rey para algunos géneros exclusivos, como las aventuras gráficas, los juegos de estrategia y los *shooter*. Actualmente, estos géneros se desarrollan para todas las plataformas, pero hubo una época en la que, si queríamos jugar a aventuras gráficas, necesitábamos un PC; en tal caso, las mejores eran siempre de Lucas Arts, subdivisión de la productora de George Lucas dedicada al desarrollo de videojuegos. Aquí es donde encontramos aventuras gráficas inolvidables que marcaron el ritmo del género, y que a su vez iniciaron sagas míticas para los que vivimos aquellos tiempos.

Maniac Mansion (1987) fue la primera, donde encarnamos a Dave Miller y a sus amigos, un joven que quiere rescatar a su novia de la mansión del Dr. Fred, un científico loco dominado por un meteorito que cayó en su casa años atrás. Así, guiábamos a nuestro protagonista a base de clics sobre el terreno para que se desplazara, resolviendo acertijos con las habilidades únicas de cada personaje. Fue uno de los primeros juegos en los que había finales alternativos, dependiendo de los personajes con los que habíamos escogido jugar, y la responsable de introducirnos a los tentáculos de *Day of the Tentacle* (1993). La secuela de *Maniac Mansion* superó en todo a su predecesor, siendo más colorido e incluso original, además de poderse comprar en formato CD-ROM.

Bernard, un típico *nerd*, era el único personaje que repetía en el reparto, como lo hacía la mansión, escenario al que Bernard se desplazaba junto a dos amigos. Allí tendría que enfrentarse al tentáculo morado, que ha sufrido una mutación y siente la terrible necesidad de dominar el mundo, pero todo se complica cuando sus amigos viajan a cientos de años de distancia, y Bernard hará lo posible para traerles de vuelta con ayuda del tentáculo verde. *Day of the Tentacle* era un derroche de personalidad y originalidad, que además permitía jugar a *Maniac Mansion* desde el ordenador del Dr. Ed Edison, el científico propietario de la mansión. En dicha mansión aparecía un cuadro con uno de los personajes de *Sam & Max Hit the Road* (1993), primer videojuego de la franquicia con los personajes creados por Steve Purcell. Sam y Max son dos detectives que aúnan fuerzas para combatir el crimen. Sam es un perro cuerdo, mientras que Max un conejo propenso a la violencia, y juntos andan detrás de un horrible yeti de las nieves que se ha escapado. Este juego sumó otra franquicia de éxito en la cuenta de Lucas Arts, que en 1990 había iniciado la saga *Monkey Island* de la mano de Ron Gilbert, el mismo creador de *Maniac Mansion*. En *Monkey Island* encarnábamos al aspirante a pirata Guybrush Threepwood, quien se enfrentaría al malvado LeChuck.

Dos años más tarde, Lucas Arts publicó la secuela de su saga *Indiana Jones*, con *Indiana Jones and the Fate of Atlantis* (1992), un clásico dentro del género que como *The Day of the*

Tentacle se lanzó tanto en disquete como CD-ROM. *Fate of Atlantis* incluía un método habitual de la época para luchar contra la piratería, que requería consultar el manual de instrucciones al instalar o iniciar el videojuego. Antes de terminar la década, Lucas Arts nos sorprendió con la historia de Manny, un vendedor de paquetes de viajes en la Tierra de los Muertos, allá donde van a parar las almas fallecidas recientemente antes de iniciar su viaje hacia el descanso eterno. Manny quiere ayudar a Mercedes Colomar, una fallecida que por la vida que llevó, merece un billete de tren de alta velocidad para descender al Noveno Infierno, pero que, en su lugar, solo puede ir caminando. *Grim Fandango* tenía un aire de cine negro ambientado en la concepción mexicana de la muerte. Pero no todas las aventuras gráficas notables fueron obra de Lucas Arts: Revolution Software desarrolló *Broken Sword* (1996), una aventura europea protagonizada por el americano George Stobbart. Con un inicio idílico en un café de París, todo se torcía al aparecer un payaso con un maletín. El payaso salía del café tan rápido como entró, y en pocos segundos, el local estallaba por los aires. Por suerte, George sobrevive y sigue el rastro del payaso para atrapar al responsable de unos asesinatos relacionados con la leyenda de los caballeros templarios.

Si la mayoría de aventuras gráficas de la época funcionaban a base de hacer clic sobre el escenario para desplazar al personaje, el ratón seguía siendo el mejor periférico para los videojuegos de estrategia. Los había de dos variantes principales, los de construcciones y los de combate a tiempo real. Entre los primeros, rápidamente destacó la saga *Sim City* (1989) donde se nos permitía construir, pero también gestionar toda la infraestructura alrededor de una gran ciudad. *Sim City* apadrinó el término de juegos de simulación, como una variante dentro de los videojuegos de estrategia, donde rápidamente aparecieron otros como *Railroad Tycoon* (1990), donde gestionábamos una compañía de ferrocarril, o *Civilization* (1991), donde directamente dirigíamos una civilización desde su inicio hasta convertirla en la más avanzada del planeta –y del espacio–. No obstante, estos simuladores estaban enfocados a un público más adulto, pero hubo otros que flirteaban con todos los públicos gracias a una estética más divertida. *Theme Park* (1994) nos invitaba a construir un parque de atracciones desde cero, incluyendo las tiendas, caminos y facilidades, y contratando al personal. Una vez abierto en base a nuestro presupuesto, teníamos que gestionarlo para obtener beneficios que nos permitieran crecer frente a la competencia para convertir a nuestro parque de atracciones en el

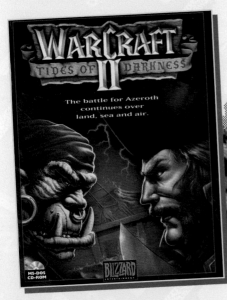

mejor del planeta, sabiendo que en cualquier momento podíamos venderlo para iniciar uno todavía más grande y mejor. En la misma línea de *Theme Park* apareció unos años después *Theme Hospital* (1997), que era cuanto menos igual de divertido. En *Theme Hospital* era un hospital lo que construíamos partiendo del edificio vacío, levantando tabiques para crear consultas, instalando la recepción, butacas de espera, plantas decorativas, etc. Después teníamos que equipar las consultas, tanto con maquinaria como con empleados –doctores, enfermeras, personal de mantenimiento...– a los que había que proporcionar un espacio de descanso, pero también pagar sueldos. Una vez abierto, los usuarios hacían distintos usos del hospital, tirando algunos la basura al suelo o vomitando por los pasillos. Igual que con el parque de atracciones, era nuestra obligación cuidar el lugar para garantizar la satisfacción de nuestros visitantes. Al término del año fiscal, se hacía balance entre ganancias y pérdidas, y si lo habíamos hecho muy mal, también nosotros podíamos ser despedidos.

Por otra parte, estaban los videojuegos de estrategia donde nuestra misión era armar tropas, desarrollar armamento, carros de combate o buques, pero también recolectar recursos y alimento para aumentar nuestra población. En este tipo de juegos de estrategia, Blizzard destacó sobradamente en los noventa con la saga *Warcraft*, que alcanzó su popularidad con *Warcraft II: Tides of Darkness* (1995). Humanos volvían a enfrentarse a los orcos, por tierra y mar, ahora con ayuda de enanos y elfos, en la Segunda Gran Guerra de Azeroth. Era mucho antes que la edición *online* que sacudió el planeta en los tiempos modernos, pero una revisión del mismo juego permitiría enfrentarnos a nuestros amigos a través de Battle.net, los servidores para juego *online* de Blizzard. También en Battle.net nos enfrentamos jugando a *Starcraft* (1998), el otro gran juego de la compañía que tenía una interfaz y modus operandi muy similar, pero

que nos trasladaba al futuro –s. XXVI–, donde los humanos se denominan Terran, y se enfrentaban a los Zerg, unos alienígenas tipo insecto, pero también a los Protoss, unos humanoides muy avanzados, en una disputa por el control de la Via Láctea. *Starcraft* tenía una historia convincente y unos vídeos introductorios altamente atractivos. El doblaje al español era excelente, y en su conjunto, el videojuego elevó el listón de *Wacraft II* para formalizar el nuevo estándar de los videojuegos de estrategia en tiempo real, sobre la gestión de recursos, construcción y combate. Pero no todo el género dependió de Blizzard, puesto que Microsoft se sumó a la fiesta distribuyendo la saga iniciada por Ensemble Studios, *Age of Empires* (1997). Al mando de unas de las doce civilizaciones disponibles, recorríamos tres mil años, –entre

la Edad de Piedra y la de Hierro– hasta derrotar a nuestros enemigos, o bien construir una maravilla y conservarla durante dos mil años para ganar la partida, todo ello con ayuda de aldeanos responsables de construir y conseguir recursos, unidades de guerra, armas de asedio, flotas de combate en alta mar... El modo campaña transcurría entre sucesos históricos que hilaban las batallas, situándonos siempre en el control del bando ganador de la batalla histórica. Era como estudiar y jugar al mismo tiempo, algo más difícil de justificar con *Warcraft* o *Starcraft*.

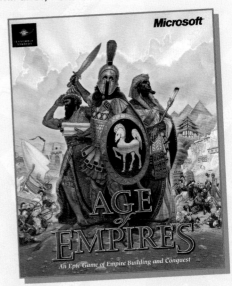

Como decíamos, el otro género insignia del PC fueron los *shooter*, y *Wolfenstein 3D* (1992) fue el primero en popularizarlos. En resumidas cuentas, los *shooter* son juegos en primera persona en los que disparamos, y qué forma más fácil de plasmarlo que siendo un norteamericano que dispara a nazis; porque en *Wolfenstein 3D* teníamos que escapar de un castillo repleto de nazis armados con ametralladoras y perros entrenados para morder a matar. Aunque aparecieron otros *shooter* de exploración como *Heretic* (1994), este ambientado en un mundo fantástico, el siguiente en revolucionar el género fue *Doom 2* (1994), seguramente el mejor de su género. Desarrollado por id Software –mismo estudio detrás de *Wolfenstein*–, la acción se trasladaba a la Tierra, que había sido infestada por criaturas infernales a las que había que acribillar a lo largo de treinta niveles oficiales y dos sorpresa, que eran recreaciones de escenarios aparecidos en *Wolfenstein 3D* con los enemigos de *Doom 2*, tan pintorescos como Spider Mastermind, un cerebro con rostro, que se desplazaba sobre su cuerpo mecánico con forma de araña.

Dos años más tarde, id Software volvió a revolucionar el género gracias a *Quake* (1996), donde por primera vez, los escenarios no eran lo único tridimensional, sino que también lo serían los enemigos y el resto de personajes. Con un argumento muy similar al de *Doom 2*, id Software estrenó para la ocasión el Quake Engine, un motor gráfico que sacó partido a las tarjetas 3D de la época más populares, las Voodoo Graphics de 3DFX. Pero ese mismo año, y con un aire más retro –en realidad, como una continuación pulida de *Doom 2*– apareció *Duke Nukem 3D* (1996), un videojuego que nos situaba bajo la piel del Duke a la caza de unos alienígenas con rostros porcinos. Chulesco, y algo ofensivo, *Duke Nukem 3D* era un disparate que se convirtió en juego de culto por, entre otras cosas, incluir cuestiones absurdas, como repartir billetes a las bailadoras de un club de striptease.

Finalmente, el género se volvió a sacudir con el lanzamiento de *Half-Life* (1998), debut del estudio de desarrollo Valve Corporation. El videojuego nos proponía convertirnos en Gordon Freeman, un científico destinado a las instalaciones subterráneas de Black Mesa, una especie de Área 51. Pero un experimento no sale como se espera y la apertura de un agujero interdimensional propicia una invasión extraterrestre con consecuencias mortales para el equipo científico. A medida

que transcurre la historia, Gordon hace frente a las criaturas entre cadáveres y estancias destruidas mientras trata de comprender lo ocurrido, para terminar teniendo que protegerse de las propias tropas del gobierno que quieren silenciar al equipo médico superviviente. *Half-Life* dio lugar a muchas modificaciones para nuevos juegos en línea, entre los que destacó *Team Fortress Classic* (1999) y, sobre todas las demás, *Counter-Strike* (1999). *Counter-Strike* es una modificación completa del videojuego pensada para su disfrute en red con amigos, donde los jugadores se reparten entre terroristas y antiterroristas, siendo el vencedor el que termina con el bando contrario, o el que cumple el objetivo de la partida primero. Con *Counter-Strike* también se popularizó la edición de mapas como afición entre los adolescentes con aspiraciones informáticas, pero lo más atractivo seguía siendo disfrutarlo jugando. Las partidas eran rápidas puesto que se sucedían en rondas don-

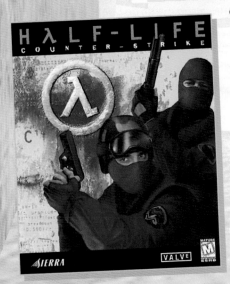

Hubo otros géneros que triunfaron en PC, como *Alone in the Dark* (1992), precursor de los survival horror, *Baldur's Gate* (1998), un aclamado RPG de BioWare, o *Diablo* (1996), un action-RPG de Blizzard, que se convirtió en uno de los videojuegos más importantes de la historia. Pero el que sonará a todo el mundo, es *Carmageddon* (1997), que destacó por puntuar al jugador por la espectacularidad de los atropellos mortales que realizaba al volante de un coche, en una especie de género transgresor entre la conducción y la acción sádica.

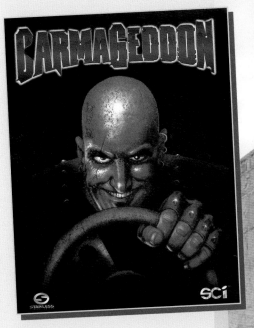

de se contabilizaban individualmente las muertes sufridas y las provocadas, para mostrar el cómputo al terminar la ronda. Esta mecánica se adaptó a las salas de juego en red, también conocidos como cibercafés, el mejor lugar donde reunirse con amigos para pasar la tarde, todavía antes de que el ADSL se convirtiera en gran objeto de consumo.

CAPÍTULO 6

GADGETS Y MARCAS QUE PUSIERON NUESTRO MUNDO PATAS ARRIBA...

La publicidad dominó los hogares desde la segunda mitad del s. XX con marcas y productos que parecían dispuestos a acompañarnos toda la vida. Años más tarde nos daríamos cuenta de que tan solo su recuerdo nos acompañaría –no todas las marcas pueden regresar cada verano como el Tang o la sangría Don Simón–. Muchas marcas y *gadgets* llegaron, triunfaron, y después desaparecieron sin dejar rastro más allá de en nuestra memoria. Y pese que a algunas de estas marcas todavía existen, su impacto no es ni mucho menos comparable al que fue. Otros tantos *gadgets* son reseñables por su relevancia en la evolución tecnológica, y aunque hoy por hoy estén obsoletos, jamás lo hubiéramos logrado sin ellos. Luego están los que simplemente fracasaron por motivos que todavía hoy desconocemos; sobre todo estos son los que conservan un reseñable puesto de honor en nuestra memoria. Este es un repaso a algunas marcas y productos destacables que dejaron huella, en mayor o menor escala, con recorrido duradero o porvenir perecedero, y que sin embargo todavía hoy recordamos con nostalgia.

Marcas que nos sedujeron

Uno de los primeros productos que nos encandilaron con solo pulsar un botón, fueron las bambas *Reebok Pump*. Pisando fuerte desde 1989, las *Reebok Pump* fueron el primer calzado deportivo con la capacidad de inflarse para regular el encaje de nuestro pie, tanto en la zona del talón como del empeine. Especialmente encaradas hacia la NBA y el baloncesto en general, las bambas contaron con el favor de figuras como Dennis Rodman, Shaquille O'Neal o Dee Brown, y tomaron parte en campañas de publicidad agresivas propias de los noventa. En una de estas, un hombre calzado con unas *Reebok Pump* espera junto a otro con unas *Nike Air*, ambos preparados para saltar de un puente con la única sujeción de una cuerda atada a sus pies. Al saltar, el hombre con las Nike cae al agua porque se le escurre la cuerda, mientras que el de las *Reebok Pump,* después de haberlas inflado, queda colgando de la cuerda con total seguridad. Costaban un costillar de la época, pero tenerlas era un lujo para todo niño que lo convertía en el amo del recreo, por mucho que nunca llegáramos realmente a sentir cómo se inflaba aquella bamba y garantizaba nuestra sujeción. Pero al apretar aquel botón, uno se sentía poderoso; si no se hinchaba la bamba, al menos lo haría nuestro pequeño ego juvenil.

Solo había una forma de ser más guay que quien apretaba el botón de inflar de sus *Reebok Pump*: hacerlo mientras mascábamos un chicle, por supuesto de la marca *Boomer* –aunque por aquel entonces también se estilaban los *Bubbaloo*, rellenos de un sospechoso líquido–. Los *Boomer* eran los chicles más baratos

No Two Feet Are Alike.
Not Even Your Own.

NIKE-AIR IS NOT A SHOE.

que un niño podía comprar, primero de sabores fresa y menta, pero después de todo lo imaginable: melocotón, cola, coco, pero también vainilla o natillas. Pero el reclamo estrella de *Boomer* fue su versión «kilométrica»; con una presentación enrollada dentro de un recipiente redondo de plástico, estirábamos del chicle como si de un rollo de celo o una cinta métrica se tratara para llenarnos la boca de goma de mascar. Si el chicle se nos rompía –a menudo estaban más duros que tres piedras juntas–, siempre nos quedaba el recurso de cruzar los dedos confiando en que se presentara el gran héroe Súper Boomer, un hombre que parecía la hormiga atómica vestida de azul, con la capacidad de estirar sus extremidades como nosotros lo hacíamos con el chicle. Súper Boomer era un superhéroe al uso que en los anuncios de televisión siempre aparecía a tiempo para ayudar, e incluso salvar, a un grupo de muchachos en apuros. Actualmente, los chicles *Boomer* se siguen comercializando, pero con muchos menos sabores, con el nombre de «maxi roll» en lugar de «kilométrico», y muy lejos de tener presencia televisiva. En cuanto a Súper Boomer, parecen haberlo jubilado, reemplazándolo por una versión ilustrada.

Pero para personajes corporativos, los que crecimos en los noventa siempre tuvimos claro quién era el que tenía más estilo: Fido Dido fue un personaje que la marca PepsiCo adquirió para promocionar *7 Up* a lo largo de los noventa, una bebida gaseosa con ligero sabor a limón, principal competencia de *Sprite*. Fido era un tipo singular, vestido con calzado deportivo –¿quizá unas *Reebok Pump*?–, pantalón corto y camiseta ancha, su aspecto bien lo podría definir un chaval como «muy molón». Afable, simpático, comprometido con el medio ambiente, afín al arte y al deporte callejero, pero también a la música de la época, aún nos caería mejor al convertirse en protagonista de un videojuego para Mega Drive, pero también en la imagen de numerosas prendas de vestir y accesorios como mochilas. Llevar una mochila de Fido Dido –por supuesto, colgando de un hombro–, mascar chicle *Boomer* y calzar unas *Reebok Pump*, nos colocaba en una categoría superior a cualquier compañero de clase, algo tan claro como el eslogan de *7 Up*: «lo claro rompe».

Y es que la publicidad marcaba tendencia más que nunca; era nuestra red social, y el hashtag "#letsradical", uno de los más populares en el momento en que irrumpió la marca *Radical Fruit Company* a lo largo de los noventa. Un asesino de frutas tenía aterrorizada la sociedad frutera, que amenazaba con exprimirlas en cualquier momento. Con nombres como «The Lemon Obsession» o «The Orange Attraction», estos refrescos sin gas presumían de tener un alto porcentaje de zumo de fruta, por lo que recomendaban agitarse antes de usar. *Radical Fruit Company* era otra marca de PepsiCo destinada a competir con *Fruitopia*, y mucho mejor encarada hacia el público adolescente –mientras *Radical* todavía se puede adquirir, *Fruitopia* se convirtió en *Minute Maid*–. Además, en la campaña de publicidad española, tomó buen uso de bandas indie del momento que cantaban en inglés, como lo haría el resto de la compañía amparada bajo el eslógan «Generation Next». *Radical* era la marca más cañera de PepsiCo, para una bebida sin burbujas de naranja, limón o frutos del bosque, pero también la más cañera del surtido de bebidas juveniles en el supermercado; la que tenías que beber mientras calzabas tus *Pump*, mascabas tus *Boomer*, y llevabas tu mochila de Fido Dido.

Los noventa fueron años de dura rivalidad entre PepsiCo y The Coca-Cola Company, en los que la segunda trató de innovar con un producto con sabor a cereza llamado *Cherry Coke*. Creada a partir de añadir jarabe de cereza a la *Coca-Cola* convencional, se lanzó al mercado internacional en 1985, aunque no llegaría a algunos países hasta mediados de los noventa. Fue la variante más famosa de la *Coca-Cola* convencional –junto a la de sabor cereza–, que se presentó también en su versión baja en calorías. *Cherry Coke* se promocionó con el lema «no hagas el indio, haz el cherokee» y una imagen corporativa muy atractiva que sin embargo no supo conectar con el público juvenil, como tampoco lo hizo la canción de estilo «ruta del bakalao» que se creó expresamente para su promoción. Aunque en EE.UU. todavía hoy sigue comercializándose, en España pasó sin pena ni gloria, retirándose su venta poco tiempo después de su lanzamiento, hasta hace pocos años, cuando la «fórmula mágica» se recuperó para rebautizarse simplemente como *Coca-Cola Cherry*.

Nuestros primeros *gadgets*

Como época responsable de hacernos mayores, los últimos años de los ochenta y los primeros de los noventa fueron los que nos introdujeron en el mundo de la tecnología y pequeños artilugios destinados a facilitarnos la vida. En tal menester, de primera necesidad parecía el saber leer la hora, y para ello apareció la marca de relojes para niños *Flik & Flak*. La subsidiaria de Swatch lanzó estos relojes en 1987 promocionándolos como el reloj suizo para niños, coloridos y con correas destinadas a sobrevivir a todas nuestras travesuras. Flik y Flak, una especie de seres inspirados por Barrio Sésamo, eran a su vez las agujas del reloj, pero también los que tenían la misión de enseñarnos a leer la hora. Lejos de recordar si lo lograron –obviamente terminamos por aprender, pero no está claro que fuera gracias a su ayuda–, sí nos enseñaron esa pegadiza canción de «Yo soy Flik, tú eres Flak, somos dos en un reloj» que jamás de los jamases olvidaremos si crecimos en los noventa.

Solo dos años después, aparecería Casio para tirar los esfuerzos de Flik y Flak por tierra, con el reloj digital *Casio F-91W*. Con la simplicidad como máxima esencia, el *F-91W* era –y es– el modelo digital más básico, económico y accesible de los relojes Casio, sin renunciar a las funciones de cronómetro, alarma, resistencia al agua –con poca profundidad– y un consumo ínfimo de batería que estira las pilas durante años. Además, la pantalla se iluminaba para facilitar la lectura horaria en la oscuridad. Este fue el primer reloj digital de más de uno, mu-

cho antes de que pudiéramos hacer sumas de cálculo con él, e incluso cambiar de canal el televisor a modo de mando a distancia, funciones ambas que los relojes Casio incorporarían a lo largo de los años noventa, mismo período en que la compañía lanzó la que fue la primera –y única– agenda electrónica que muchos jóvenes de entonces llegaríamos a utilizar. La *Casio C-310* era un artilugio gris que se abría, con teclado y pantalla, y funciones incorporadas de agenda, cálculo, calendario, bloc de notas, directorio telefónico, mapamundi, alarma y envío de mensajes a través de su «rayo mágico». Pero también nos permitía hacer retratos robot de nuestros amigos, relacionarlos con sus datos en la agenda de contactos, y utilizarlos para dos funciones estrella: el videojuego «Battle» y la opción de «Casamentero», responsable de determinar la compatibilidad amorosa entre nuestros contactos... del que se desconoce el rango de acierto.

Las agendas Casio pasaron de largo como una moda pasajera y caprichosa y muchos no volveríamos a mandarnos mensajes –quién sabe si amorosos o no– hasta el año 1996, tras reunir un número determinado de tapones de Coca-Cola para hacernos con un tan anhelado *Beeper*, un buscapersonas al uso de la marca Motorola, para el que además había que pagar otra determinada cantidad en pesetas. El *Beeper* permitía mandar mensajes de texto como cualquier otro busca que llevara años triunfando en EE.UU., pero ahora en un mercado nuevo, además de con una estética más juvenil. Una pantalla, tres botones, y funciones de hora y despertador para un aparato que era de todo menos práctico, puesto que para mandar un mensaje había que llamar a un número de teléfono, dar el número del destinatario, dictar el mensaje –adiós intimidad– y confirmar los datos de ambas partes; es decir, se necesitaba un teléfono. Con todo, el *Beeper* era

un aparato realmente poco práctico que sin embargo arrasó entre la juventud de los noventa gracias a la acertada y agresiva campaña de publicidad de Coca-Cola, que colocó en miles de hogares, miles de unidades de un aparato obsoleto frente a un teléfono móvil en auge. Pero ahí estaba, la irrefrenable sensación de necesitar uno.

Preparados para el Efecto 2000

La década de los noventa fue la última del s. XX, la que
prepararía el terreno para la llegada del nuevo
milenio. Fue la década de innovaciones tec-
nológicas que se convirtieron en estándares
de las nuevas generaciones, del crecimiento
exponencial de internet en hogares de Occidente, pero también de la creación de nuevos
soportes y revolucionarios métodos de comunicación cuya seña de identidad todavía hoy
perdura. Fue la década en que la empresa Intel,
responsable de los procesadores de la gran mayoría de ordenadores domésticos, decidió que ya
habíamos tenido suficiente del 386 y 486, y que su
nuevo modelo se denominaría *Pentium* (1993) y alcanzaría velocidades de hasta 200 MHz. *Pentium* se
convirtió en el procesador más popular e Intel generó un desembolso económico para su desarrollo
y promoción que casi barre a su principal competi-
dor, AMD. Pero el procesador más popular de la década fue el *Pentium II* (1997),
de hasta 450 MHz, presentado con forma de cartucho y vía spot publicitario
con Homer Simpson como estrella invitada. De todos mo-
dos, ninguno de estos hubiera tenido sentido si Microsoft
no se hubiera decidido a lanzar su revolucionario Sistema Operativo, *Windows '95* (1995), el sustituto del *MS-
DOS* (1981) y de su inter-
faz gráfica *Windows 3.0*
(1990). Pese a ello, *MS-
DOS* se seguía incluyen-
do como un soporte de
arranque, como también
se incluyeron los prime-
ros indicios de compati-
bilidad con las conexio-
nes *USB* (1996), hoy por
hoy las más básicas del
mercado. La barra de
«Inicio» nos despejaba

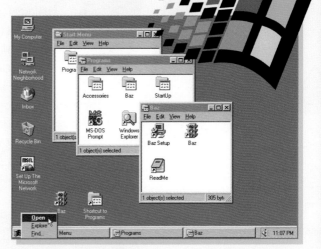

la pantalla de múltiples ventanas iniciales, y junto a «Start Me Up» de los Rolling Stones, la televisión nos introducía en todo lo que podríamos crear con este nuevo sistema operativo que recomendaba el uso de procesadores *Pentium* para su óptimo funcionamiento; la evolución a marchas forzadas. Y cuando por fin lograron que hubiera un PC con *Pentium* y *Windows '95* en todos los hogares, la población a gran escala descubrimos el *iMac G3* (1998) de Apple, el ordenador visualmente más atractivo del mercado. Orientado al uso doméstico, funcional, básico y sencillo, ocupaba mucho menos espacio que un PC convencional al unir pantalla y torre en una única unidad, sin olvidar que era más moderno por prescindir de disquetera, y mucho más atractivo gracias a su estilizada forma y sus vistosos colores.

El imparable auge del uso de internet en el ámbito doméstico a partir de 1995, trajo consecuencias para industrias de todo tipo. Las hubo que crecieron exponencialmente en cuanto aprendieron a sacarle partido –como la pornografía–, pero también las que se fueron a pique a base de negar la realidad. Con un gran papel en lo segundo, el formato *MP3* (1995) nos ofreció la posibilidad de compartir canciones primero a través de la red –o de un *USB*–, y después de cargar miles de estas en un único aparato de reproducción portátil. La aparición de programas gratuitos que permitían reproducir estos archivos, pero también comprimir nuestros CD de música, como *Winamp* (1997), y la llegada de *Napster* (1999), que nos permitía descargar prácticamente cualquier canción existente, sonara o no en la radio, disparó la popularidad del *MP3*. Este formato permitía reducir el peso de un archivo de audio a distintas tasas de bits, a riesgo de perder calidad, pero prácticamente imperceptible al oído humano; sobre esto último se generaría mucha controversia entre puristas –por mucho que siendo jóvenes disfrutáramos de cargar decenas de discos en un mismo aparato–, sobre todo si veníamos de disfrutar del *Minidisc* (1995), un soporte con mayor capacidad y calidad que el CD. El *Minidisc* se lanzó al mundo a partir de 1999, y pese a ser el soporte para audio más revolucionario de todos los tiempos, la mala fortuna de coincidir con la Era Internet y el *MP3*, hizo que pasara sin pena ni gloria. Ni las discográficas ni las tiendas apostaron por él, y su uso quedó relegado a músicos profesionales y refinados consumidores de la alta fidelidad en el hogar. También las emisoras de radio especializadas en música lo utilizaron, hasta reemplazarlos por discos duros. Hoy por hoy, este sea tal vez el mejor soporte para audio que creó una compañía como Sony, y el que más desapercibido pasó a la gente en general, justo lo opuesto al *DVD* (1995). Resultado de la colaboración entre Sony, Philips y Toshiba, el *DVD* se convirtió en el soporte para vídeo doméstico que reemplazó al *VHS*, *Beta* y *Laserdisc*. Por mucho que le costara entrar en algunos hogares, las compañías responsables, la industria del cine, las tiendas, y promociones de todo tipo en periódicos a cambio de cupones, lo empujaron hasta tomar posesión del centro de nuestros salones. Aunque la calidad era considerablemente superior a las cintas de vídeo, también lo era su precio, sobre todo si lo que pretendíamos era grabar y regrabar en cada *DVD* como lo veníamos haciendo con las cintas.

En cuanto a la comunicación, una de las funciones más interesantes que nos aportó internet fue la posibilidad de comunicarnos con otras personas sin importar la distancia, bastaba con disponer de un ordenador con conexión a internet para enviar o recibir un correo electrónico a un amigo o familiar, o con visitar una página de chat si queríamos hablar con desconocidos. Pero si lo que pretendíamos era charlar con nuestros contactos y amigos, y hacerlo de forma rápida e inmediata, lo más inteligente sería recurrir a *ICQ* (1996), el cliente de mensajería instantánea con una flor como logo, que cambiaba de color en función de nuestro estado de conexión. *ICQ* no solo permitía chatear en tiempo

REGISTERED USERS

Login Name   Password

Enter

○ *Frames*   ○ *No Frames*   ○ *My Default*

Forgot Your Password?

hotmail

The
World's
FREE
Web-Based
Email

VISITORS

Sign Up Here!

Why Sign Up?

INFO

▶ About Hotmail

▶ Email Safety

▶ Privacy Statement

real, sino también enviar mensajes, compartir archivos o establecer conexión vía videoconferencia. Este software fue durante años una de las señas de identidad de America Online, que lo compró en 1998 por una estratosférica cifra a los dos israelíes que lo crearon con el objetivo de investigar las posibilidades de comunicación que ofrecía internet. Seguramente sirviera de inspiración a Microsoft para desarrollar su propio sistema de mensajería instantánea, *MSN Messenger* (1999), el más popular de los existentes. *Messenger* permitía prácticamente lo mismo que *ICQ*, pero venía integrado en los sistemas operativos *Windows*, lo que quería decir que estaba de antemano en todos los hogares sin necesidad de que los propios usuarios lo supieran. Bastaba con vincularlo a nuestra cuenta de *Hotmail* (1996), un servicio de correo electrónico que Microsoft adquirió en 1997 por otra estratosférica cifra, para poder chatear en tiempo real con nuestros contactos, generalmente todos los compañeros del instituto. *Messenger* nos permitía escoger un estado, como estar invisible a ojos de nuestros contactos, o cambiar nuestro apodo en cualquier momento; rápidamente se convirtió en una gran herramienta para jóvenes adolescentes que queríamos llamar la atención de alguien de la clase con sugerentes frases extraídas de canciones, y por supuesto, se convirtió en la herramienta número uno de nuestra generación para ligar. Pero ni *ICQ* ni *MSN Messenger* harían sombra a la mejor herramienta para comunicarnos en los noventa, la que suponía pasar de pantalla con aquella

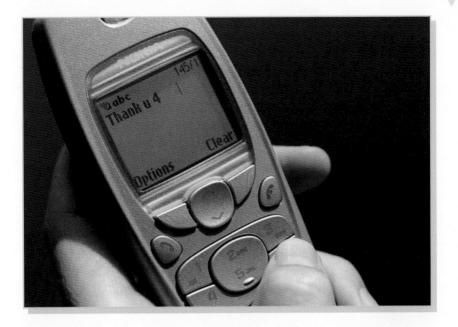

persona con la que queríamos ligar: una vez habíamos chateado lo suficiente, el siguiente paso era conseguir su número de teléfono, por supuesto, un *Nokia 3210* (1999). El *Nokia 3210* fue el teléfono móvil más popular de la década de los noventa, el que únicamente permitía llamar y recibir llamadas, enviar y recibir mensajes SMS, poner una alarma y, sobre todo, jugar al juego de la serpiente; todo ello durante días antes de que se agotara la batería. El *Nokia 3210* se convirtió en un compañero fiel a lo largo de muchas quedadas con amigos adolescentes para ir al cine, permitiéndonos matar el tiempo de los anuncios jugando a alimentar una serpiente sin colisionar con su propia cola, o recibiendo mensajes en silencio –aun con la vibración del teléfono activada– de aquella persona con la que pretendíamos seguir chateando a través de *Messenger* al llegar a casa.

CAPÍTULO 7

ENTRETENIMIENTO LOCAL: LA GENERACIÓN GAME BOY EN ESPAÑA Y AMÉRICA LATINA

Los noventa fueron años plagados de referentes internacionales, ricos en contenido y forma para nuestro porvenir. Pero si nacimos en España, el saber elegir no sería tan evidente, pues tuvimos que compaginar estos referentes a gran escala con los que nos proporcionaba el folclore propio; tener el criterio para acertar no sería fácil en tiempos de Felipe González y José María Aznar, pero también de Jesús Gil. Los noventa fueron la década en la que *Canal+* se introdujo en España (1990), como lo hizo el *Planet Hollywood* (1996) y la tarifa plana de internet (1999). Pudimos celebrar los Juegos Olímpicos de Barcelona (1992), la primera Champions del Barça (1992) o la anhelada séptima del Real Madrid (1998), y lamentar cómo Tassotti le partía la nariz a Luis Enrique (1994). Chiquito de la calzada llevó sus chistes a la gran pantalla con *Condemor* (1996), mientras en televisión fuimos de las *Mama Chicho* (1990) a *El Informal* (1998) pasando por *El Gran Juego de la Oca* (1993) con Emilio Aragón, el mismo que había dado el salto a la música con su hit «Te huelen los pies» (1991); la banda sonora de niños cuyos padres escuchaban Hombres G, Mecano o Ella Baila Sola. Luego está la música que escuchó todo el mundo –literalmente– e hizo bailar hasta el propio presidente Clinton, la de Los del Río y su «Macarena» (1993). Y es que la década de los noventa dio para mucho en España, pero también al otro lado del charco.

«Cine» se escribe con ñ

Después de que José Luis Garci se llevara el Óscar a la Mejor película de habla no inglesa por *Volver a empezar* (1983), tuvieron que pasar nueve años para que el cine español volviera a presumir de semejante gesta. *Belle Époque* (1992), dirigida por Fernando Trueba, fue la segunda película española en llevarse un Óscar por semejante menester, situándonos en el periodo previo a la Guerra Civil a través de un desertor que vive un romance con las cuatro hijas de su protector, un expintor retirado, sin aclarar sus ideas sobre de quién está enamorado. No le hubiera ido mal aprender del protagonista de *Makinavaja, el último choriso* (1992), donde Andrés Pajares, junto a Jesús Bonilla en el papel de su amigo Popeye, podían «herí la sensibilidá» de los españoles interpretando a unos quinquis del extrarradio barcelonés que intentan atracar un banco para salir adelante en un mundo injusto. Puede que *Makinavaja* nunca ganara un Goya, pero sirvió para conocer a este personaje, protagonista también de una serie de televisión, del mismo modo que *El día de la bestia* (1995) presentó

El vestuario de Tesis rezuma años noventa por los cuatro costados.

en sociedad a Santiago Segura, también conocido como José María, un aficionado al metal oscuro y extremo, que ayudará a un sacerdote a impedir el nacimiento del anticristo el día de Navidad de 1995 en Madrid. Junto a un iluminado, pseudoprofesor esotérico, invocarán al diablo con el fin de pararle los pies. *El día de la bestia* supuso otro paso adelante para Álex de la Iglesia después de su ópera prima *Acción Mutante*, ambas una puerta de entrada hacia la música de Def Con Dos para muchos adolescentes.

Pero si Álex de la Iglesia dio un paso adelante, Alejandro Amenábar daría una zancada con el estreno de *Tesis* (1996), que le sirvió para llevarse siete premios Goya, entre ellos el de Mejor película, Mejor guión y Mejor dirección novel. *Tesis* nos contó la historia de Ángela (Ana Torrent) mientras desarrolla su tesis sobre violencia audiovisual, cuando descubre un entramado con *snuff movies*. Un año después, el joven director estrenó *Abre los ojos* (1997), una película que los americanos vendrían a buscar para su propia versión con Tom Cruise en lugar de Eduardo Noriega, y con un vacío Times Square en lugar de la Gran Vía madrileña, ambas escenas igualmente inauditas, como resultó la noche para Juantxo (Karra Elejalde) cuando sus amigos deciden llevárselo a un burdel como despedida de soltero. Allí le da

por meter el dedo en el agujero equivocado y perder su alianza de compromiso, lo
que vendría siendo la chispa que prende
la mecha de una bomba en forma de comedia negra repleta de cocaína, ma-
fiosos, persecuciones en coche y mucho polvo. Entre «pofesionales», *Airbag*
(1997) se llevó críticas severas de los medios especialistas, pero se convirtió en
un vicioso film de culto para muchos de nosotros, dispuestos a comprender
que «el concepto es el concepto», ¿me se entiende? Si lo tuyo era seguir la
corriente de esa prensa especializada que había puesto la película de Juanma
Bajo Ulloa a caldo, entonces lo tuyo era gritar «¡Pedrooooo!» junto a Penélope
Cruz y entregarle el Óscar a la Mejor película de habla no inglesa a Pedro Almo-

dóvar por *Todo sobre mi madre* (1999),
premio que volvía al cine español siete años después de que lo recogiera el
equipo de *Belle Époque*.

Mientras tanto, al otro lado del
charco los premios no se prodigaron
demasiado, nada que ver con la calidad que atesoraban algunas películas
maravillosas que pudimos disfrutar. En
Argentina, *Un lugar en el mundo* (1992)
se disputó ser candidata al Óscar con
El lado oscuro del corazón (1992), y
aunque la balanza cayó en favor de la
segunda, la historia del joven poeta
Olivetti (Darío Grandinetti) en busca
de la mujer de sus sueños se quedó sin

el galardón, el mismo año en que los sensibles se rindieron a la romántica película mexicana, *Como agua para chocolate*. Guillermo del Toro debutó al año siguiente con *Cronos* (1993), un original film fantástico con aire a suspense, nada que ver con la colombiana *La estrategia del caracol* (1993), una desternillante historia de resistencia desde uno de los barrios más pobres de Bogotá, como cómica –aunque mucho más negra, casi de culto– fue la historia de Diógenes Hernández (Álvaro Rodríguez) y su gente, en la también colombiana *La gente de la Universal* (1991). Mayor popularidad alcanzó la película de Adolfo Aristarain, *Martín (Hache)* (1997), uno de los films argentinos que mejores críticas cosechó en España, en una línea argumental similar a la colombiana *La vendedora de rosas* (1998), dramáticas ambas con actores jóvenes atrapados por la droga. Pero para película de culto, dramática pero cómica, satírica pero sádica por la crudeza de su mensaje, encontramos la mexicana *La ley de Herodes* (1999), que con el subtítulo «o te chingas o te jodes» da señales del «optimismo» que derrocha esta crítica al sistema político de los años cuarenta en México.

Del «carácter latino» al «xixón sound»

El primer hit que nos cautivó en los noventa apareció bajo la influencia de un lugar muy distinto, en forma de cigarro corto. Los pucelanos Celtas Cortos lanzaron *Cuéntame un cuento* (1991) con ritmos de calipso para enviarnos a dormir con la sonrisa puesta; ritmos que compartían con los valencianos Seguridad Social y su «Quiero tener tu presencia» (1993), que no puede faltar en todo buen repertorio de orquesta de fiesta mayor que se precie. Ese fue un año amable para la música rock en el que se consagraron los zaragozanos Héroes del Silencio con *El espíritu del vino* (1993), pero también los vascos Negu Gorriak, influidos por bandas norteamericanas como Red Hot Chili Peppers, Public Enemy o Minor Threat; su imprescindible *Borreroak Baditu Milaka Aurpegi* (1993) fue el único disco en euskera capaz de poner en común a periodistas culturales de todos los medios generalistas, y de todos los colores, un logro nada despreciable en España... Si por contra preferíamos la música en inglés –idioma que entenderíamos más o menos igual que el euskera–, podíamos irla a buscar a Gijón, donde Australian Blonde repartían *Pizza Pop* (1993) con la inolvidable «Chup Chup», uno de los estribillos menos elaborados y más pegadizos de la historia de la música.

A mediados de los noventa, se dio a conocer la italiana Laura Pausini avisándonos de que su amor «Se fue» (1994) para aclarar después que la razón no la sabía. Y mientras unos se iban, otros llegaban, como el portorriqueño Ricky Martin, que se lanzó al mundo con «María» (1995), una canción que ayudó a subir la temperatura de las pistas de baile mientras desde Argentina insistían Los Rodríguez con que, si hace calor, es «Mucho mejor» (1995). El catalán Pau Donés ratificó la idea apareciendo en la escena pública con su Jarabe de Palo y *La Flaca*

(1996), de quien por un beso daría lo que fuera, izando la bandera del *Carácter Latino* (1997), el álbum recopilatorio de Duca-2 Music. En la otra cara de la moneda estaban Extremoduro, que barrió toda expectativa con *Agila* (1996), el disco que llevó a todos los oídos del Estado y más allá a un grupo para el que ya nada volvería a ser lo mismo, al tiempo que giraban con los bilbaínos Platero Y Tú en uno de los mejores shows de rock estatal que se podrían disfrutar. Algo similar le ocurrió a Ska-P, que después de *El vals*

del obrero (1996), entendieron que su ska reivindicativo podía ser una forma para, precisamente, dejar de vivir como obreros. «Legalización» se convertiría en la segunda canción más interpretada por toda orquesta de Fiesta Mayor después del hit de Seguridad Social.

Como ya hemos visto, 1997 fue un gran año para el disfrute de música internacional, aunque no exento de sonadas despedidas: Soda Stereo, una de las bandas de rock argentinas más importantes de los últimos quince años, anunció su despedida dejando para el recuerdo álbumes notables entre los que destacaba *Canción animal* (1990). Fue ese mismo año –1997– cuando conocimos al italiano NEK y su «Laura no está», pero también cuando un artista madrileño como Alejandro Sanz se lanzó internacionalmente con *Más*, el álbum más vendido de la historia de España gracias a su «Corazón partío». Vendió muy bien en EE. UU. y Brasil, además de Argentina o México, países que nos devolvieron el favor con *Alta suciedad*, del argentino Andrés Calamaro –el de su «Flaca» particular–, o el famoso «Muelle de San Blas» de los mexicanos Maná, a quienes sus vecinos Molotov parodiaron con el título de su debut discográfico, *¿Dónde jugarán las niñas?* No hubo mexicano ni español que no entonara «Gimme the power» o

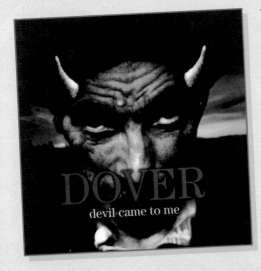

«Puto», canciones que pusieron un listón irremediablemente alto para una banda que nunca se pudo hacer sombra a sí misma de aquí en adelante. Mientras tanto, el zaragozano Bunbury lanzó su carrera en solitario con *Radical Sonora* y las catalanas *Los Fresones Rebeldes* nos engancharon a todos con su pop rock sabor a chicle de fresa, con la pegadiza «Al amanecer» de su debut *¡Es que no hay manera!*, el mismo año en que los vigueses Los Piratas, comandados por Iván Ferreiro, dieron un giro a su sonido presentando credenciales para nueva banda de culto; plantaron la semilla de la etiqueta que les vendría, «los Radiohead españoles», con *Manual para los fieles*, el disco que nos bautizó a todos sus seguidores como «fieles». La de Los Piratas es, junto a la que nos hicieron las hermanas Llanos, dos de las aportaciones más grandes a la historia musical moderna de España: Dover lanzaron su segundo álbum, *Devil came to me* el 21 de abril de 1997 y ya nada volvería a ser lo mismo para ellos, ni para tantos jóvenes adolescentes que inmediatamente los situamos en nuestro top personal. Si Los Piratas serían «los Radiohead españoles», los madrileños Dover se convirtieron inmediatamente en los «Nirvana de nuestra generación», una banda que nos hizo revivir el grunge como si aquella bonita historia de amor jamás hubiera terminado. *Late at night* (1999), su tercer álbum antes de terminar el milenio, no hizo más que subir la apuesta.

Un años antes, el portorriqueño Chayanne lo volatilizó todo con «Salomé» (1998) al tiempo que llegó la confirmación de la colombiana Shakira, con *¿Dónde están los ladrones?* (1998);

Dover se convirtió rápidamente en uno de los estandartes de la campaña publicitaria de PepsiCo bajo el lema «Generation Next Music», y «Devil came to me» fue la canción que cerraba los anuncios de la bebida *Radikal Fruit Company*. Entre 1997 y 1998, la campaña se apoyó en un nuevo spot protagonizado por tres chicos que daban un concierto, cuando alguien entre el público les paraba la canción y les cuestionaba la rima. Los tres chicos en cuestión eran Undrop, y «Train», la canción. Esta banda formada por dos hermanos suecos y un español se convirtieron en portada del recopilatorio *Generation Next Music by Pepsi* (1997), donde se podía encontrar lo bueno y lo mejor del indie y rock alternativo del momento, pero también lanzaron su propio álbum, *The Crossing* (1998), antes de desaparecer sin dejar rastro.

el segundo álbum de la de Barranquilla incluía canciones como «Ciega, sordomuda» y se convirtió en el disco en español más vendido en los EE.UU. en el año de su lanzamiento, lo que la consagró como una de las artistas mejor valoradas del planeta, tanto por crítica como público. En una escala distinta, debutaron La Rabia del Milenio con éxitos como «Quiero vender mi pasado» o «Sube a mi cama», un estilo de versión española de Los Rodríguez, que para su siguiente disco pasarían a llamarse La Rabia a secas. Mientras tanto, debutaba como solista Manu Chao con *Clandestino* (1998), y los argentinos Bersuit Vergarabat le cantaban al «Sr.

Cobranza» en *Libertinaje* (1998) al tiempo que Los Planetas se subían durante *Una semana en el motor de un autobús* (1998), álbum que se convertiría en uno de los más reputados del grupo granadino, al relatar cómo era una semana en la vida de su ficticio protagonista, repleta de desamor, desenfreno y euforia, *subidones* de estupefacientes, y por supuesto, *bajones*, pues por algo era un disco de Los Planetas. Pero para bajón, el que se llevaría el conductor del Seat Panda que tuvo un «piñazo» por culpa de la raja de una falda, o algo así cantaban los Estopa en su debut (1999), como si la culpa no fuera del conductor por mirar donde no debía. Y para culpas, Rosendo se fue hasta la recientemente clausurada Cárcel de Carabanchel para grabar *Siempre hay una historia* (1999), su segundo álbum en directo. En un principio, iba a tratarse de un concierto gratuito pero la promotora decidió cobrar entrada para evitar aglomeraciones –...–; Luz Casal como invitada hizo olvidar la amarga noticia. Y entonces, para aglomeraciones, las que todavía hoy forman Violadores del Verso en cada una de sus actuaciones desde que la liaran gorda con *Genios* (1999), el álbum de hip-hop zaragozano que dejó claro en el Estado quiénes eran el «Máximo exponente».

Una generación frente al televisor

Si nacimos en 1985, lo hicimos el mismo año en que *David el gnomo* se estrenó en televisión, una serie de dibujos animados destinada a transmitir valores educativos tanto en ecología, amistad y justicia. David era un gnomo de trescientos noventa-y-nueve años, lo que resulta bastante tétrico teniendo en cuenta que la serie les planteaba una esperanza de vida de cuatrocientos años. Veterinario y con grandes conocimientos sobre medicina natural, se ayuda de un lobo para desplazarse con el

Los Fruitis, personajes con mucho sabor.

fin de salvaguardar a los habitantes del bosque de la influencia de los troles, unos seres repugnantes, torpes y malolientes, pero también de los desastres naturales que acechan la vegetación. *David el gnomo* es solo una serie de tantas que, sin saberlo, eran de producción española, como la aventura basada en el cuento *Los músicos de Bremen*, de los hermanos Grimm, *Los Trotamúsicos* (1989). Un gallo, un burro, un perro y un gato huyen de sus infelices vidas para acabar formando una banda de música que, entre melodías, se dedica a ayudar al prójimo, alimentar su amistad, y por supuesto, cuidar del medioambiente. Y es que por aquel entonces, la televisión para niños procuraba transmitir valores de compañerismo y amistad a pesar de las diferencias, como ocurriría con *Los Fruitis* (1990), donde además se presentaba un enorme elenco de frutas y verduras como personajes protagonistas, con las que ir tomando contacto, o *Delfy y sus amigos* (1992) que nos hablaba de la necesidad de proteger los océanos de la contaminación. Por supuesto, ineludible es el caso aparte del show infantil *El show de Xuxa* (1991), adaptación argentina del programa brasileño que le sirvió a la presentadora, pero también actriz y cantante, para conquistar a millones de niños hispa-

nohablantes en todo el planeta, mientras sus padres se dedicaban a ver reposiciones de la serie mexicana de terror en la que debutaron Guillermo del Toro o Alfonso Cuarón entre otros, *La hora marcada* (1988).

Cuando los dibujos animados pasaron a existir en un segundo plano, vivimos el auge de las series familiares, aquellas que tenían un personaje que conectaba con cada miembro de la casa. *Farmacia de guardia* (1990) fue pionera en este sentido, narrando las vivencias de la familia de Lourdes (Concha Cuetos), la farmacéutica, junto a sus tres hijos y su exmarido, con quien mantiene una buena amistad. Esta era la forma que tenía la ficción española de mostrarse moderna al mundo. *Farmacia de guardia* fue la serie de ficción más vista de la historia desde que aparecieron las cadenas privadas –se emitía en Antena 3– que, pese a girar alrededor de varias tramas, siempre permanecía latente la fricción emocional entre el ma-

Los presentadores de Caiga Quien Caiga siempre caían bien.

trimonio separado, que en el fondo lo que más anhelaba era volver a disfrutar de su familia unida, como lo estaban en *Médico de familia* (1995), la respuesta de Telecinco con Emilio Aragón como protagonista. El punto de partida era similar, pues donde antes teníamos a la farmacéutica divorciada, ahora teníamos al médico viudo tratando de rehacer su vida junto a sus tres hijos. Tomó el relevo de *Farmacia de guardia* convirtiéndose en la segunda serie con más audiencia, y se exportó a varios países europeos a lo largo de nueve temporadas –en Italia incluso la continuaron–. Dos de los puntos clave que favorecieron el éxito de la serie fueron la tensión sexual entre Emilio Aragón y Lydia Bosch, pero también el constante y excesivo patrocinio de marcas copando los primeros planos en la cocina.

A medida que pasaban los años, lo hacían también los programas interminables como *Un, dos, tres, responda otra vez* o el famoso *Telecupón* con Carmen Sevilla, pero por suerte también aparecieron voces frescas para la época; programas que seguramente por edad disfrutaron más nuestros padres, como *Esta noche cruzamos el Mississippi* (1995) o *Caiga quien caiga* (1996), e incluso el nacimiento de un clásico contemporáneo, *Saber y ganar* (1997) con Jordi Hurtado. Al otro lado del charco, la televisión colombiana también mostraba signos de madurez con el estreno de *¡QUAC! El Noticiero* (1995), un programa de contenido humorístico-político, al estilo del anterior *Kanal K* (1990), el espacio argentino dedicado a sketches de humor con representantes políticos y otros famosos en forma de guiñoles. En cuanto a nosotros, adolescentes de la época, nos abonamos a series calcadas como *Al salir de clase* (1997) o *Compañeros* (1998), donde nada resultó tan carismático como la relación entre Quimi

(Antonio Hortelano) y Valle (Eva Santolaria), los guapos del instituto de *Compañeros*, y cuyos problemas en el instituto se asemejaban más bien poco a los nuestros. Ese mismo año apareció *Periodistas* (1998), el primer papel que José Coronado interpretó en nuestra memoria, como jefazo del periódico Crónica Universal y uno de los primeros pasos que dio en la televisión estatal, Joel Joan, el autor de la fantástica *sitcom* catalana *Plats bruts* (1999), que se estrenó el mismo año en que la telenovela colombiana *Betty, la fea* (1999) se convirtió en un fenómeno internacional en los países de habla hispana. Pero si hablamos de *sitcoms*, la mención aparte es para *7 vidas* (1999), pionera del género en España. Inspirada en *Friends*, la serie se inició con una trama principal alrededor del personaje de David (Toni Cantó), que acababa de despertar de un coma y tenía que adaptarse de nuevo a la sociedad. Pero poco a poco, se fue centrando en las vivencias del resto de personajes, mucho más potentes, como Sole (Amparo Baró), Paco (Javier Cámara), Carlota (Blanca Portillo) y Laura (Paz Vega). No fue un gran éxito de audiencia desde inicio, pero la calidad de sus guiones le valió buenas críticas especializadas que la mantuvieron en antena a medida que el elenco de personajes y actores se iba renovando. Entre otros, por allí pasaron con buena fortuna Carmen Machi, Santi Millán, Eva Santolaria y Guillermo Toledo, mientras que algunos, como Florentino Fernández, tuvieron que conformarse con una fortuna más bien... regular.

En la lengua de Cervantes

Lectores o no, desde luego íbamos al colegio y allí se nos mandaba leer. Una de las lecturas obligatorias que nos tocó, fue la obra de teatro de José Luis Alonso de Santos, *Bajarse al moro* (1985). Teníamos la edad previa a la adolescencia, suficiente para leer argumentos sobre tráfico de hachís, como el que protagonizaban este grupo de cuatro amigos –dos de ellos, primos– que deciden bajar a Marruecos en busca de mercancía para vender y así abandonar su pobre calidad de vida en Madrid. El plan inicial pasa por que una de las dos chicas transporte el hachís en la vagina, plan que cae cuando reconoce su virginidad. Aquí decide iniciar una serie de intentos fallidos para mantener su primera relación sexual con uno de los dos chicos del grupo, cuando la otra chica decide bajarse sola con tan mala fortuna que termina encarcelada por tráfico de estupefacientes que, al descubrirse embarazada, termina también como lío de faldas al salir de prisión. Por ingre-

dientes de la trama, *Bajarse al moro* fue una óptima lectura a su edad acertada, aun no tan potente como lo sería unos años después la lectura, obligatoria o no, de *Historias del Kronen* (1994), la primera novela de José Ángel Mañas; Carlos es un niño de papá que pasa sus días como universitario sumido en una resaca de sexo, alcohol y drogas, y que se reúne cada día con sus amigos en el bar ficticio, Kronen. El consumo de Carlos aumenta a medida que avanza la novela, como lo hace su aislamiento de la realidad, lo que lleva a este grupo de amigos a vivir experiencias cada vez más extremas que terminan con la muerte de uno de sus miembros. La novela está considerada como uno de los mejores reflejos del vacío existencial de los jóvenes de los noventa, resistentes de la Generación X, y un buen espejo de la ciudad de Madrid de la época.

Por contra, tanto si no estábamos preparados para ser mayores antes de tiempo, o por si ya lo éramos, pero queríamos descansar por un espacio de tiempo, podíamos refugiarnos en las historias de *Manolito Gafotas* (1994), un niño entrañable cuatro ojos creado por Elvira Lindo. Primero de una colección de ocho novelas, esta inspiración de Mafalda nació como personaje radiofóni-

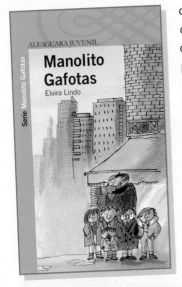

co para convertirse en uno de los libros preferidos del público infantil. Manolito Gafotas es el hombre de la casa con permiso de las collejas de su madre, puesto que su padre, Manolo García, trabaja de camionero, y su hermano es «el imbécil». Con su amigo Orejones, hacen frente a los intentos de Yihad –malogrado nombre– por romperle las gafas. Aunque para diversión, la que encontramos al conocer a Eduardo Mendoza y su genial *Sin noticias de Gurb* (1991), un libro ambientado en la Barcelona preolímpica de 1992. Original, inteligente y divertida, la novela se cuenta en forma de diario de un comandante interestelar, que describe su incesante búsqueda de Gurb, un compañero extraterrestre que ha desaparecido en la Ciudad Condal tras adoptar la apariencia de Marta Sánchez. Mendoza hace alarde de su capacidad de crítica sobre extrañas conductas de la sociedad, como también se aprovecha del humor negro para criticar las normas que rigen su comportamiento, riéndose con ironía de las absurdeces en las que vivimos sometidos por nuestra propia voluntad gracias al amparo de ser un extraterrestre. Aunque desde luego esta es una posición muy subjetiva, *Sin noticias de Gurb* podría ser una de las mejores novelas españolas de la década de los noventa, y de la historia de la literatura moderna.

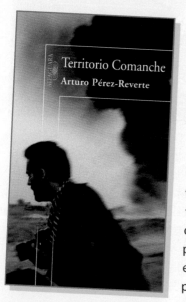

En una dimensión distinta habita Arturo Pérez-Reverte, autor de *Territorio comanche* (1994), la que supone su digestión particular de los años que ejerció de reportero de guerra. Es un ejercicio autobiográfico cuyos dos protagonistas son corresponsales de televisión en los conflictos de la antigua Yugoslavia, a la espera de que el ejército croata detone un puente para frenar el avance del Ejército de la República de Bosnia-Herzegovina. Está escrita a modo de libre flujo de consciencia mientras ambos protagonistas recuerdan sucesos de conflictos anteriores, y dedicada al que fuera durante tantos años compañero de Pérez-Reverte y cámara de televisión en sus coberturas. Por algún motivo más de una profesora de lengua consideró que esta era una obra de indispensable lectura para niños de diez años de edad, cuando solo dos años después, Ana María Matute publicaba *Olvidado Rey Gudú* (1996), una extensa novela fantástica que mezcla elementos de la novela de caballerías pero también de los cuentos de hadas. Este relato antibelicista, tan maravilloso como cruel, pudiera ser el primer libro para adultos que leímos muchos jóvenes, mezcla de melancolía y optimismo; hombres egoístas en un mundo injusto, frente a la fortaleza de una niña sensible e inocente que ve en el bosque la puerta a otro mundo. Un clásico de culto.

Diversión con Denominación de Origen

Algo que se estilaba a finales de los ochenta y a lo largo de los noventa, y que hoy está lamentablemente en proceso de extinción, es la prensa escrita. Muchas eran las revistas que poblaban las estanterías de los quioscos o papelerías, la gran mayoría convertidas hoy en páginas web que pueden actualizarse a cualquier hora y minuto. Pero entonces, celebrábamos el momento de ir al quiosco a comprar el periódico por si caía alguna revista que nos pudiera entretener y sobre todo mantenernos informados en nuestra principal afición. Una de las candidatas a engrosar la cuenta del quiosquero era *Micromanía* (1985), la principal revista dedicada a los videojuegos de ordenador, que en su formato original ocupaba el tamaño de un periódico cualquiera. Análisis de videojuegos, rankings y trucos eran algunos de los principales reclamos

de la época, cuando se fueron introduciendo noticias sobre novedades, reportajes especializados e incluso cartas de los lectores. La revista fue creciendo en calidad y precio, a medida que crecía el sector de los videojuegos para ordenador, mientras que su tamaño se redujo al estándar de la prensa especializada. Con el aumento de precio llegó la inclusión de demostraciones, uno de los principales recursos para vender, tanto del sector de prensa como del *gaming*. *Micromanía* fue durante muchos años la revista de videojuegos especializada más vendida en España, dedicada «solo para adic-

tos». Si teníamos la suerte de poder comprar dos revistas en lugar de una, su compañera ideal e indispensable era *Hobby Consolas* (1991), ambas fundadas por Hobby Press. Mientras *Micromanía* se dedicó a partir de entonces exclusivamente a los videojuegos para ordenador, *Hobby Consolas* cubrió el espacio destinado a las videoconsolas, aun con los mismos análisis, reportajes, trucos y cartas de los lectores. Esta fue la época dorada de la prensa especializada en España.

En edad de colegio era fácil que alguno lleváramos una de estas revistas a clase para su lectura en el recreo, o escondiéndola debidamente bajo el pupitre, como fácil fue a partir de 1994 que nos dedicáramos a competir en partidas de *Tazos*. Marcas como PepsiCo en Argentina, Frito-Lay en Colombia, Sabritas en México o Matutano en España, se ocuparon de introducirlos a base de promociones vinculadas a su surtido de bolsas de patatas y snacks. Inicialmente, los *Tazos* eran un regalo dentro de estas bolsas que podíamos coleccionar, hasta que empezamos a jugar. Se trataba de poner los tazos que los jugadores decidían apostar boca abajo, y con otro, lanzarlo con tal de darle la vuelta. Quien daba la vuelta al tazo, se lo que quedaba, y así engrosábamos nuestra colección. En el caso concreto de España, estos tazos estaban decorados con los Tiny Toons y una palabra terminada en -azo. Poco después aparecieron los Súper Tazos, que se centraban en la figura del diablo de Taz-Mania, y así hasta múltiples

variantes más, que ampliaron su oferta ilustrada pasando por todos los dibujos habidos y por haber, incluido el anime. Pero cuando volvíamos a casa, los *Tazos* volvían a su porta-tazos, y nosotros a tomar asiento frente la pantalla del ordenador con cualquier videojuego de Dinamic Multimedia (1993), empresa desarrolladora independiente, en parte responsable de la edad de oro del software español. Dinamic se popularizó gracias a la saga *PC Fútbol* –también *PC Básquet*– y a la particularidad de que sus videojuegos podían adquirirse fácilmente en un quiosco por un precio más económico que el de la mayo-

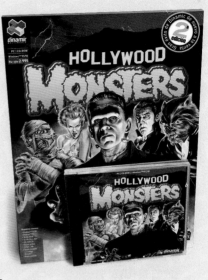

ría en la época. A medida que obtuvieron notoriedad –y la voz e imagen de Michael Robinson–, solventaron su precoz estado inicial y se lanzaron a otro tipo de aventuras, dando lugar a títulos como la aventura gráfica de estilo *Day of the Tentacle*, *Hollywood Monsters*, o *Los Justicieros*, una película interactiva en primera persona rodada en Almería. Pero Dinamic no estuvo sola en el auge del software de entretenimiento producido en España, puesto que en 1996 se fundó Pyro Studios, cuyo primer videojuego *Commandos: Behind Enemy Lines* (1998) fue un rotundo éxito internacional, convirtiéndose en el segundo videojuego más vendido durante el año de su lanzamiento. Aunque parecía que con ambas compañías estábamos ante el nacimiento de una nueva industria en España, hoy por hoy, Pyro Studios es Pyro Mobile y se dedica al desarrollo de aplicaciones móviles, mientras que Dinamic Multimedia, fundada por tres socios de Dinamic Software cuando esta cayó en bancarrota, siguió su mismo destino al sufrir la «crisis de las punto com», después de una serie de lanzamientos con poca fortuna que coincidieron con la ampliación de oficinas y plantilla de la compañía; pudiera ser esta una buena síntesis de los noventa, una década donde la industria del entretenimiento, de aquí y de allí, pero también nosotros, vivimos por encima de nuestras posibilidades.

DOCUMENTACIÓN

Películas

Regreso al futuro (Back to the future, 1985). Dir: Robert Zemeckis; Int: Michael J. Fox, Christopher Lloyd, Lea Thompson, Crispin Glover.

Dentro del laberinto (Labyrinth, 1986). Dir: Jim Henson; Int: Jennifer Conelly, David Bowie.

Akira (1988). Dir: Katsuhiro Ôtomo.

Desafío total (Total Recall, 1990). Dir: Paul Verhoeven; Int: Arnold Schwarzenegger, Sharon Stone.

Parque Jurásico (Jurassic Park, 1993). Dir: Steven Spielberg; Int: Sam Neill, Laura Dern, Jeff Goldblum, Richard Attenborough.

Pulp Fiction (1994). Dir: Quentin Tarantino; Int: John Travolta, Samuel L. Jackson, Uma Thurman, Bruce Willis.

Braveheart (1995). Dir: Mel Gibson; Int: Mel Gibson, Sophie Marceau, Patrick McGoohan, Angus MacFadyen, Catherine McCormack.

Trainspotting (1996). Dir: Danny Boyle; Int: Edward Norton, Robert Carlyle, Jonny Lee Miller, Ewen Bremner, Kelly MacDonald.

Titanic (1997). Dir: James Cameron; Int: Leonardo DiCaprio, Kate Winslet.

Matrix (1999). Dir: Hermanas Wachowski; Int: Keanu Reeves, Laurence Fishburne, Carrie-Ann Moss, Joe Pantoliano, Hugo Weaving.

Música

Appetite for Destruction (1987), Guns N' Roses.

Nevermind (1991), Nirvana.

Blood Sugar Sex Magik (1991), Red Hot Chili Peppers.

Rage Against the Machine (1992), Rage Against the Machine.

Siamese Dream (1993), The Smashing Pumpkins.
Dookie (1994), Green Day.
Smash (1994), Offspring.
What's the story (Morning glory) (1995), Oasis.
Blur (1997), Blur.
Ok Computer (1997), Radiohead.

Series

The Simpsons (1989). Creador: Matt Groening.
Twin Peaks (1990). Creador: David Lynch, Mark Frost; Int: Kyle MacLachlan, Lara Finn Boyle, Michael Ontkean.
X-Files (1993). Creador: Chris Carter; Int: Gillian Anderson, David Duchovny.
Friends (1994). Creador: David Crane; Int: Jennifer Aniston, Courteney Cox, Lisa Kudrow, Matt LeBlanc, Mathew Perry, David Schwimmer.
Cowboy Bebop (1998). Creador: Shinichirô Watanabe.

Libros

Moore, Alan. *Watchmen (1986)*
Easton Ellis, Bret. *American Psycho (1991)*
Miller, Frank. *Sin City (1991)*
Stine, R. L. *Pesadillas (1992)*
Miller, Frank. *300 (1998)*

Videojuegos

Super Mario Bros (1985). Nintendo para NES.
Maniac Mansion (1987). Lucasfilm Games para PC.
Tetris (1989). Nintendo para Game Boy.
Sonic the Hedgehog (1991). Sega para Mega Drive.
Street Fighter II (1992). Capcom para Súper Nintendo.
Doom 2 (1994). id Software para PC.
Warcraft II: Tides of Darkness (1995). Blizzard Entertainment para PC.
Resident Evil (1996). Capcom para Playstation.
Final Fantasy VII (1997). Square Enix para Playstation.
Metal Gear Solid (1998). Konami para Playstation.

Otros títulos publicados en la misma colección LOOK
Cultura popular (música, cine, series, videojuegos, cómics)